ABHANDLUNGEN DER AKADEMIE
DER WISSENSCHAFTEN DER DDR

Veröffentlichungen
der
Wissenschaftlichen
Räte

W1
1988

# Zur Wirksamkeit und Effektivität des sozialistischen Rechts

Akademie-Verlag Berlin

ABHANDLUNGEN
DER AKADEMIE DER WISSENSCHAFTEN DER DDR

Abteilung Veröffentlichung der Wissenschaftlichen Räte
Jahrgang 1988 · Nr. W 1

Tagung des Rates
für staats- und rechtswissenschaftliche Forschung
an der Akademie der Wissenschaften der DDR
vom 31. 10. 1986

# Zur Wirksamkeit und Effektivität des sozialistischen Rechts

AKADEMIE-VERLAG BERLIN 1988

Herausgegeben im Auftrage des Präsidenten
der Akademie der Wissenschaften der DDR
von Vizepräsident Prof. Dr. Heinz Stiller

Verantwortlich für dieses Heft:
Prof. Dr. Wolfgang Weichelt
Vorsitzender des Rates für staats- und rechtswissenschaftliche Forschung
an der Akademie der Wissenschaften der DDR

ISBN 3-05-000652-8
ISSN 0138-421X

Erschienen im Akademie-Verlag Berlin, Leipziger Str. 3–4, DDR - 1086 Berlin

Lizenznummer: 202 · 100/370/88
Printed in the German Democratic Republic
Gesamtherstellung: VEB Druckerei „Gottfried Wilhelm Leibniz“, 4450 Gräfenhainichen
LSV 0425
Bestellnummer: 754 908 4 (2001/88/1/W)

00600

## Inhaltsverzeichnis

# Vorwort

Das Ziel der wissenschaftlichen Arbeitstagung des Rates für staats- und rechtswissenschaftliche Forschung an der Akademie der Wissenschaften der DDR am 31. Oktober 1986 war es, Erfahrungen und Erkenntnisse bei der Erforschung der Wirksamkeit des sozialistischen Rechts auszutauschen sowie theoretische und methodologische Probleme einer wirksamen Effektivitätskontrolle des sozialistischen Rechts zu erörtern.

Auf der Grundlage der von K. A. Mollnau vorgelegten Thesen und seinen dazu gehaltenen konstruktiven Vortrag fand eine umfassende, vom schöpferischen Inhalt getragene Diskussion statt, die für die weitere wissenschaftliche Forschung auf diesem Gebiet wertvolle Erfahrungen und Erkenntnisse vermittelte.

Die vorliegende Abhandlung orientiert einmal auf eine Reihe wesentlicher Schwerpunkte und zeigt aber zugleich auch auf, daß die Staats- und Rechtswissenschaftler der DDR sich der weiteren zielstrebigen wissenschaftlichen Forschung auf diesem für die Theorie und Praxis wichtigen Gebiet widmen müssen, um die vom XI. Parteitag der SED gestellten Aufgaben zur weiteren Gestaltung der entwickelten sozialistischen Gesellschaft zu erfüllen.

Karl A. Mollnau

# Stand und Aufgaben der Ausarbeitung der Theorie der Effektivität des sozialistischen Rechts und der Methodik ihrer Analyse

## Thesen

1. Forschungen zur Effektivität des Rechts, zu ihrer Theorie sowie zur Methodik ihrer Analyse, Bewertung und staatlichen Kontrolle sind in hervorragendem Maße geeignet, die Rechtswissenschaft als angewandte Wissenschaft zu profilieren, ihr grundlagentheoretische Anstöße zu geben und zu einem erheblichen Teil für die grundlagentheoretische Arbeit erforderliche empirische Basis zu konstituieren. Forschungen für Effektivitätsproblematik sollten deshalb grundsätzlich ein Doppelspiel verfolgen:

Unmittlbar bei der Lösung praktischer Probleme mitzuhelfen und theorieweiterbildend zu wirken. Außerdem drängen diese Forschungen von ihrer Problemsubstanz her zur Interdisziplinarität. All dies zusammen genommen weist die Effektivitätsproblematik als Bewährungsfeld der Rechtswissenschaft für die richtige und produktive Anwendung der vom XI. Parteitag der SED entwickelten Konzeption zur Stellung und Rolle der Wissenschaft im weiteren Gestaltungsprozeß der entwickelten sozialistischen Gesellschaft aus.

2. Wie die bisherigen zu verschiedenen Teilen unseres Rechts durchgeführten Effektivitäts(wirksamkeits)analysen zeigen, ist die theoretische Konzipierung sowohl der Primärdatenerfassung sowie die ihrer Interpretation das Nadelöhr. So abhängig die theoretischen Konzipierung einzelner Effektivitätsanalysen vom jeweiligen Untersuchungsobjekt ist und welche Detailmodifikationen sich auch im Konkreten erforderlich machen, der Rückgriff und die Stützung dieser theoretischen Konzipierung auf die allgemeine, von der Rechtswissenschaft ausgearbeitete bzw. auszuarbeitende Theorie und Methodologie der gesellschaftlichen Wirksamkeit des Rechts ist unerläßlich. Darin liegt die rechtspolitisch-praktische Bedeutsamkeit der Effektivitätstheorie und -methodik des sozialistischen Rechts sowie ihrer Weiterentwicklungsnotwendigkeit begründet.

3. Die Effektivitätsproblematik des sozialistischen Rechts gehört zu jenen Gebieten, die in der Geschichte der marxistisch-leninistischen Rechtswissenschaft unterschiedliche, keineswegs aber kontinuierliche Aufmerksamkeit erfahren haben. Nach der Großen Sozialistischen Oktoberrevolution in den zwanziger Jahren spielte das Problem der tatsächlichen Wirksamkeit des sozialistischen Rechts und ihrer Bewertung – wenn auch nicht mit der heutigen Terminologie versehen – eine erhebliche Rolle. Lenin selbst hat sich dazu mehrfach geäußert.

In späteren Jahren tauchte die Effektivitätsproblematik in marxistischen rechtswissenschaftlichen Darstellungen nur randweise oder gar nicht auf. Dies änderte sich zu Beginn der 60er Jahre. In relativ kurzer Zeit avancierte die Effektivitätsproblematik zu einem Spitzenthema rechtswissenschaftlicher Forschung in den meisten sozialistischen Ländern, wobei dies in den einzelnen sozialistischen Ländern zum Teil mit erheblichen Zeitverschiebungen ablief. Das Verdienst der sowjetischen Rechtswissenschaft ist es, die Grundlegung für eine Theorie und Methodologie der Effektivität des sozialistischen Rechts und ihrer Analyse ganz wesentlich vorgenommen zu haben. (Jawitsch, Kasimirtschuk, Kudrjawzew, Nikitinsky, Samostschenko u. a.)

4. Der Umgang der Rechtswissenschaft mit der Effektivitätsproblematik, ihr Stellenwert in der rechtswissenschaftlichen Forschung und Theoriebildung reflektiert direkt oder indirekt rechtskonzeptionelle Fragen und Positionen.

Das gilt für die bürgerliche wie marxistisch-leninistische Rechtswissenschaft gleichermaßen. Schon dadurch sind diametral entgegengesetzte ideologische Ausgangspunkte für die Behandlung der Effektivitätsproblematik in beiden Rechtswissenschaften gesetzt. Die Minimalprämissen, von denen sinnvoll und produktiv, also letztlich für die Praxis wirksame und hilfreiche theoretische Aussagen zur gesellschaftlichen Wirksamkeit des sozialistischen Rechts sowie methodische Vorschläge für ihre Analyse von der marxistisch-leninistischen Rechtswissenschaft formuliert werden können, sind:

a) den klassenbedingten Instrumentalcharakter des sozialistischen Rechts nicht in Frage zu stellen;
b) dem sozialistischen Recht als Teil der sozialistischen Gesellschaft, seine relativ selbständige Existenz und Spezifik nicht streitig machen zu wollen und
c) dem Recht – besser, weil präziser – dem rechtlichen Regelungsprozeß gesellschaftlicher Verhältnisse (verstanden als Einheit von Rechtsbildung und Rechtswirkung) spezifische objektive Gesetze bzw. Regelmäßigkeiten und Wiederholbarkeiten zuzugestehen.

Fragen der Effektivität des sozialistischen Rechts und ihrer Analyse sind weder sozio- noch leitungstechnischer Natur, sondern von ihrer Substanz her aufs engste mit Grundfragen des historischen Materialismus verbunden. Ihr weltanschaulicher Charakter ergibt sich vor allem aus ihrem Zusammenhang mit der bewußten Gestaltung der sozialistischen Gesellschaft und der wachsenden Beherrschbarkeit ihrer Prozesse unter Führung der Partei der Arbeiterklasse.

5. Wie bereits gesagt, wandte sich die Rechtswissenschaft in einzelnen sozialistischen Ländern zum Teil mit erheblichen Zeitverschiebungen der Effektivitätsproblematik zu. In der DDR vollzog sich diese Hinwendung nach dem VIII. Parteitag der SED. Bis heute erwies sie sich als stabile Orientierung unserer rechtswissenschaftlichen Forschung, sie wird auch in Zukunft an Gewicht nicht verlieren.

Von den meisten Rechtswissenschaftlern, die diese Hinwendung personell trugen und vorantrieben, wurde von Anfang an richtig erkannt, daß die Effektivitätsproblematik ein Feld der Gemeinschaftsarbeit zwischen Theorie und Praxis par excellence ist. Als Belegbeispiele dafür seien die drei Unternehmungen genannt, die im großen und ganzen den Beginn des systematischen Bemühens in der DDR-Rechtswissenschaft markieren, sich sowohl theoriebildend wie empirisch-analytisch mit Fragen der gesellschaftlichen Wirksamkeit des sozialistischen Rechts zu befassen.

Es sind dies: Die Untersuchungen des Lehrstuhls Familienrecht der Humboldt-Universität zu Regelungen des Familiengesetzbuches (FGB), die Wirksamkeitsanalyse zum Wirtschaftsrecht sowie das II. Berliner rechtstheoretische Symposium zum Thema: „Die gesellschaftliche Wirksamkeit des sozialistischen Rechts. Probleme ihrer Begriffsbestimmung und ihrer Messung".

Die Notwendigkeit der Zusammenarbeit zwischen Wissenschaft und Praxis bei der Effektivitätsanlyse des Rechts ist inzwischen in der Rechtsetzungsordnung festgeschrieben. Diese Bestimmung sowie die Festlegung, daß es zu den Voraussetzungen des Erlassens neuer Rechtsvorschriften gehört, sich ein Bild über die Wirksamkeit der bisher einschlägig geltenden Rechtsnormen gemacht zu haben, brachten die praktische Durchführung von Effektivitätsanalysen nachhaltig voran.

6. In Gestalt von Effektivitätsanalysen zu Regelungen des Zivilrechts, Arbeitsrechts, Strafrechts, Landeskulturrechts, Wirtschafts- und Agrarrechts sowie zu prozeßrechtlichen Komplexen verfügen wir über Aussagen und Informationen über unsere Rechtsordnung, die größtenteils ihre Praxiswirksamkeit unter Beweis gestellt haben und deshalb auch Anerkennung fanden. So u. a. auf der Staats- und Rechtswissenschaftlichen Konferenz der DDR 1985. Dennoch gibt es keinen Grund, selbstgefällige Problemlosigkeit zu verbreiten.
In stärkerem Maße ist es notwendig, die Ergebnisse durchgeführter Effektivitätsanalysen zur Theorieentwicklung zu nutzen und auch die Methodik der Wirksamkeitsanalyse des Rechts zu präzisieren. Die durchgeführte Effektivitätsanalysen haben selbst eine Reihe ungelöster theoretischer und methodischer Fragen sichtbar gemacht.
Tendenzen einer unreflektierten, bisweilen ins Inflationäre gehenden Benutzung der Begriffe „Effektivität des Rechts“ oder „gesellschaftliche Wirksamkeit des Rechts“ in rechtswissenschaftlichen Veröffentlichungen sind vorhanden.

Vom Standpunkt der Leitung der rechtswissenschaftlichen Forschung aus betrachtet, ist darauf zu achten, daß sich keine Schere auftut zwischen angehäuften empirischen Daten und ihrer theoretischen Verarbeitung.

Die Lehre der gesellschaftswissenschaftlichen Konferenz des ZK der SED 1983 sollten wir jedenfalls nicht vergessen: Die Theorie/Praxis-Beziehung ist in keiner Richtung eine Einbahnstraße, sie ist ein zyklisches Geschehen, in dem die Theoriebildung einen unverzichtbaren Platz einnimmt.

7. Ausgangspunkt für die Formulierung der Aufgaben zur weiteren Ausarbeitung der Theorie der Effektivität des sozialistischen Rechts und der Methodik ihrer Analyse sind die objektiven Notwendigkeiten und Möglichkeiten für den Einsatz des sozialistischen Rechts bei der Realisierung der Ziele, die für den neuen höheren Abschnitt bei der Gestaltung des entwickelten Sozialismus kennzeichnend sind und die für die DDR auf dem XI. Parteitag der SED fixiert und beschlossen wurden.[1]

Die weitere Ausarbeitung der Effektivitätsproblematik des sozialistischen Rechts muß stärker als bisher als Teilbeitrag zur Lösung der rechtskonzeptionellen und rechtswissenschaftlichen Probleme begriffen und angelegt werden, die sich aus der Konzeption des entwickelten Sozialismus und ihrer Realisierung ergeben. Die Ausarbeitung der Effektivitätsproblematik des sozialistischen Rechts durch die DDR-Rechtswissenschaft hat das politische Ziel, die rechtspolitischen Forderungen des Parteiprogramms der SED verwirklichen zu helfen.

Indem so vorgegangen wird, leistet die DDR-Rechtswissenschaft einerseits ihren Beitrag zur Internationalität der Theorie und Methodologie der gesellschaftlichen Wirksamkeit des sozialistischen Rechts, andererseits versetzt sie sich damit in jenen Status der Lernfähigkeit, der es ermöglicht, Aussagen und Fragestellungen zu integrieren, die von den Rechtswissenschaften anderer sozialistischer Länder, allen voran der Sowjetunion, ausgearbeitet werden.

8. Ohne definitive Vollständigkeit anstreben zu können, lassen sich die verschiedenen theoretischen und methodentheoretischen Fragen, die neugestellt, weiter bearbeitet oder auch auf ihre Tragfähigkeit hin überprüft werden müssen, in einer ersten Annäherung zu zwei größeren untereinander verbundenen Problemkreisen zusammenziehen. Der eine umfaßt all die Fragen, die mit der Verbesserung der leitungspolitischen Verwendbarkeit der Ergebnisse von Effektivitätsanalysen unseres Rechts zusammenhängen; zum anderen gehören all jene Fragen, die mit dem weltanschaulich-ideologischen Charakter der Effektivität des Rechts, ihrer Analyse und Bewertung sowie der Verwendung der Analyseergebnisse zusammenhängen.

Die weitere theoretische und methodische Ausarbeitung der Effektivitätsproblematik unter diesen beiden Aspekten vorzunehmen, stellt ein Forschungsprogramm von längerer Dauer dar. Es umfaßt kurzfristig, mittelfristig oder langfristig zu lösende Aufgaben. So ist ewa – um beispielhaft etwas anzudeuten – die optimalere Koordination von durchzuführenden Effektivitätsanalysen zu verschiedenen Teilen unseres Rechts eine kurzfristig zu lösende Aufgabe (z. B. die Ausarbeitung des neuen Gesetzes des Ministerrates der DDR). Eine mittel- oder langfristige Aufgabe wäre etwa die Ausarbeitung von Fragen, die eine wichtige, rechtliche Regelungsprozesse ständig begleitende computergestützte Wirksamkeitsbeobachtung ermöglichen.

9. Das sozialistische Recht kann nur dort gesellschaftlich wirksam werden, wo gesellschaftliche Verhältnisse vorhanden sind, die ihrer Natur nach rechtlicher Regelung zugänglich, also rechtlich beeinflußbar sind. Das sozialistische Recht ist ein Instrument zum Schutz und zur Gestaltung der sozialistischen Gesellschaft und der Lebens- und Arbeitsbedingungen ihrer Mitglieder; es ist aber kein beliebig einsetzbares Instrument. Dies nicht zu erkennen, hieße Raum für Fehlinterpretationen des Instrumentalcharakters des sozialistischen Rechts im Sinne des bürgerlichen Rechtsinstrumentalismus zu geben. Sowohl für die Verbesserung der leitungspolitischen Verwendbarkeit der Ergebnisse von Effektivitätsanalysen sowie für die mit der Beantwortung der den weltanschaulichen ideologischen Charakter der gesellschaftlichen Wirksamkeit betreffenden Fragen ist es erforderlich, die Zusammenhänge zwischen rechtlicher Regelungsnotwendigkeit und Regelungsfähigkeit gesellschaftlicher Verhältnisse, Geeignetheit des Rechts zur Erreichung bestimmter Zielsetzungen bei der Umsetzung der Gesellschaftsstrategie der Partei in die Realität und der gesellschaftlichen Wirksamkeit des sozialistischen Rechts präziser und detaillierter auszuarbeiten.

Das Problem besteht dabei vor allem darin, die Historizität dieses Zusammenhanges innerhalb der sozialistischen Gesellschafts- und Rechtsentwicklung zu erfassen.

Heute geht es darum, die Beschaffenheit dieses Zusammenhanges herauszuarbeiten, nachdem sich der Sozialismus auf seinen eigenen Grundlagen zu entwickeln begonnen hat. Im Lichte des XI. Parteitages der SED und des XXVII. Parteitages der KPdSU, des qualitativ neuen Abschnitts der Sozialismusentwicklung sind die Konsequenzen auch für die weitere Entwicklung einer effektiv wirkenden Rechtsordnung in Theorie und Praxis zu ziehen aus:

a) der geschichtlich neuartigen Verzahnung von menschlicher Gattungsentwicklung und Klassenkampf;
b) der Dialektik zwischen wissenschaftlich-technischem, ökonomischem und sozialem Fortschritt im Sozialismus;
c) der erhöhten Rolle der subjektiven Faktoren in der entwickelten sozialistischen Gesellschaft und bei ihrer Gestaltung und
d) der sozialistischen Persönlichkeitsentwicklung, die mit der nicht auf Kollektiv- und Gesellschaftsentwicklung reduzierbaren sozialistischen Individualitätsentwicklung verbunden ist.

Die weitere Aufhellung des in Rede stehenden Zusammenhangs ist zugleich eine Voraussetzung für die weitere Ausarbeitung der Relation zwischen rechtlicher Regelung gesellschaftlicher Verhältnisse und Entfaltung sowie Sicherung der Triebkräfte des revolutionäre Züge tragenden Fortschritts im Sozialismus.

10. Die vielberufene Komplexität der gesellschaftlichen Entwicklung, die Verflochtenheit der rechtlichen Regelungsgegenstände und der rechtlichen Regelungswirkungen erfordern tieferes Nachdenken, was sich daraus für die Effektivitätsanalyse des sozialistischen Rechts ergibt. Zwei Überlegungen:

a) Wiewohl Effektivitätsanalysen praktikabel nur zu Rechtsnormenkomplexen durchgeführt werden können, ist für bestimmte rechtspolitische Entscheidungen von Partei und Staat eine angemessene Information über die Wirksamkeit des gesamten Rechtssystems mehr oder weniger erforderlich. Das wirft die leitungspolitische Synthetisierung und Verdichtung der verschiedenen Effektivitätsanalyseergebnisse auf. Allein diese setzt wiederum voraus, daß theoretisch und praktisch gleichermaßen alle Rechtszweige und -gebiete in dieser oder jener Weise Gegenstand effektivitätsanalytischer Projekte sind. Können wir – betrachten wir unseren gegenwärtigen Zustand – sagen, dies sei schon jetzt der Fall?
In diesem Zusammenhang stellt sich auch die Frage nach den staatstheoretischen Pendants, Anschlußstücken und/oder Prämissen der rechtstheoretischen (hier nicht nur wissenschaftsdisziplinbezogen gemeint) Bemühungen zur Problematik der Wirksamkeit des Rechts. Ist es nicht an der Zeit, sich eine Meinung über die Notwendigkeit staats- und demokratiesoziologischer Fragestellungen zu bilden?
b) Bei den bisher durchgeführten Effektivitätsanalysen wurden die Rechtsnormenkomplexe, deren Wirkungen untersucht werden sollen, vornehmlich nach rechtssystematischen Gesichtspunkten ausgewählt. Die Praxis beweist, daß dies ein gangbarer Weg ist. Dennoch sollte künftig auch der Weg erprobt werden, die zu analysierenden Rechtsnormenkomplexe nach sozialen Problemstellungen auszuwählen, bei deren Lösung rechtliche Wirkungen intendiert sind.

11. Ausgehend von der Einsicht, wonach die Effektivitätsanalyse und Effektivitätskontrolle in unserer Rechtsordnung ein Bestandteil der staatlichen Leitungstätigkeit ist, daß das Recht aber nur ein Mittel u. a. Mitteln zur Durchsetzung der Politik der Arbeiterklasse und ihrer Partei sein kann, muß der Zurechnungsfähigkeit bestimmter festgestellter Realwirkung zum Recht weiterhin große Aufmerksamkeit gewidmet werden. Der gegenwärtige theoretische und methodentheoretische Erkenntnisstand, den diesbezüglich die Rechtswissenschaft der Praxis anzubieten hat, ist noch unbefriedigend. Nach meinem Dafürhalten sind Forschungen zu drei untereinander verbundenen Problemstellungen notwendig:
a) zur Maßstabbildung zwecks Bewertung der vom Recht ausgelösten oder nicht ausgelösten Wirkungen unter dem Gesichtspunkt der Effektivität des Rechts (rechtsetzungs- und rechtsanwendungstheoretisch hängt dies mit der Zielfrage im rechtlichen Regelungsprozeß zusammen);
b) zu den Voraussetzungen, Möglichkeiten und Grenzen der Quantifizierung vom Recht ausgelöster Wirkungen und
c) zum Indikatorenproblem der gesellschaftlichen Wirksamkeit des Rechts.

12. Instrument- und Werteigenschaft des sozialistischen Rechts sind nicht – wie gelegentlich angenommen wird – unverbunden oder gar unverträglich, sondern bedingen einander, sind zwei Seiten einer Medaille. Das sozialistische Recht ist nicht deshalb ein Wert, weil es Werte normiert, sondern weil es Klasseninteressen und Erfordernisse der objektiven Gesetze ausdrückt und diese durchsetzen hilft.

Der Wert des sozialistischen Rechts zeigt sich in seinem Wirken als Mittel zur realen Bedürfnisbefriedigung und Interessenbefriedigung der Arbeiterklasse, ihrer Verbündeten und der Mitglieder der sozialistischen Gesellschaft.

Effektivitätsanalysen und Effektivitätskontrolle des sozialistischen Rechts enthalten aus diesem Grunde immer auch Aspekte der Wertfeststellung zum sozialistischen Recht. Sie sind auszubauen und ihre ideologische Potenz ist stärker zur Wirkung zu bringen. Dazu ist die Beziehung zwischen gesellschaftlicher Wirksamkeit des sozialistischen Rechts, Gerechtigkeit und Rechtssicherheit im Sozialismus zu thematisieren. Dies ist ein, wenn nicht der Angelpunkt, um den weltanschaulich-ideologischen Seiten der gesellschaftlichen Wirksamkeit des sozialistischen Rechts mehr Geltung zu verschaffen.

13. Angesichts der historisch langen Dauer, die der entwickelte Sozialismus und seine Gestaltung braucht und der notwendig langfristigen Existenz des sozialistischen Rechts und seiner Wirkung, ist die theoretische und methodentheoretische Ausarbeitung der Effektivitätsproblematik des sozialistischen Rechts nicht ein Modethema der Forschung; Themen also, die schnell kommen, aber noch schneller vergehen. Soweit unsere Erfahrungen reichen – es sind die des Bereiches Rechtstheorie des Akademie-Instituts –, ist es wenig ersprießlich, die Effektivitätsproblematik als solche und an sich theoretisch und methodologisch analysieren zu wollen. Günstiger ist es vielmehr, die Effektivitätsproblematik als Bestandteil der genetischen, funktionalen und strukturellen Analyse der rechtlichen Regelung forschungsstrategisch anzugeben, denn alle Stufen, Etappen und Elemente des rechtlichen Regelungsprozesses – Rechtsbildung, Rechtsanwendung und Rechtsverwirklichung – sind effektivitätsrelevant. Daß diese Vorgehensweise manchmal zu neuen, auch überraschenden, bisher nicht gesehenen oder vermuteten Problemen führt, zeigt uns die jüngst abgeschlossene Untersuchung zur gerichtlichen Rechtsauskunftstätigkeit.

14. Der Umstand, daß die Effektivitätsproblematik des sozialistischen Rechts, theoretisch und praktisch lange auf der Tagesordnung der Rechtstheorie und der Rechtsordnung stehen wird, erfordert ihre zielstrebige und angemessene Integration in die juristische Aus- und Weiterbildung. Dies ist eine dringliche Frage der Lehrinhaltsgestaltung der Vorlesungen, vor allem aber der dritten juristischen Lehrbuchgeneration.

Ferner sind Überlegungen notwendig, wie in die Rechtspropaganda und populärwissenschaftlichen Präsentation des sozialistischen Rechts und rechtswissenschaftlicher Erkenntnisse die Effektivitätsproblematik des sozialistischen Rechts einbezogen werden kann. Dem Schritt der Rechtsnormenerläuterung, der sozialen und politischen Begründung der Rechtsnormen, der Darstellung der gesollten bzw. gewollten Wirkungen des Rechts, sollte als weiterer Schritt die Darlegung desjenigen folgen, was das sozialistische Recht tatsächlich bewirkt und bewirkt hat. Daß dies dazu beiträgt, die Autorität unserer Rechtsordnung zu erhöhen und die Identifikationsbasis mit unserem zu verbreitern, wird vorausgesetzt.

## Anmerkungen

1 Bericht des Zentralkomitees der Sozialistischen Einheitspartei Deutschlands an den XI. Parteitag der SED, Berichterstatter: Genosse Erich Honecker, Berlin 1986, S. 13.

Karl A. Mollnau

# Überlegungen zur Weiterentwicklung der Theorie und Methode von Effektivitätsanalysen zum sozialistischen Recht

## I.

Zwei Positionen erweisen sich bei der theoretisch-methodischen Behandlung der Effektivitätsproblematik des sozialistischen Rechts als kontraproduktiv. Die eine ist die des Räsonierens; sie artikuliert sich in Zweifeln derart, ob denn überhaupt eine Vorstellung vorhanden sei, was gesellschaftliche Wirksamkeit des sozialistischen Rechts sei, und stellt nicht selten die Effektivitätsanalysen zum Recht mit dem Hinweis auf deren zur Zeit tatsächlich vorhandenen Ungenauigkeiten überhaupt in Frage. Die andere Position ist die des bloßen Verbalumgangs mit der Effektivitätsproblematik. Die Effektivitätsproblematik des sozialistischen Rechts wird in dieser Sicht vor allen Dingen unter dem Aspekt betrachtet, bestimmte Erscheinungen unserer Rechtsordnung mehr oder weniger deutlich im Zusammenhang mit der Effektivitätsproblematik zu rücken oder einfach umzutaufen.

Die kaum heilbare Krankheit beider Positionen ist ihre Problemlosigkeit. Im Grunde genommen kann man von keiner dieser Positionen aus eine produktive Problemstellung für die theoretisch-methodische Weiterentwicklung dieses Themas herausarbeiten. Aber im gegebenen Falle genügt eine bloße Diagnose, therapeutische Maßnahmen sind nicht am Platze. Dem ist so, weil neben diesen beiden genannten Positionen eine weitere Position – und dies ist die vorherrschende – sich etabliert hat: die Position der Gemeinschaftsarbeit zwischen Rechtswissenschaftlern und Rechtspraktikern bei der Durchführung von Effektivitätsanalysen, die mit dem permanenten Bestreben einhergeht, die dabei gewonnenen Erfahrungen für die Entwicklung der Theorie und Methodik der Effektivitätsanalyse des Rechts zu nutzen. Von dieser Position aus wird in den letzten Jahren ein Beitrag geleistet, um die Rechtspolitik von Partei und Staat realisieren zu helfen, wie wir sie insbesondere seit dem VIII. Parteitag der SED kennen. Ohne das Ungenügende und Unzureichende der bisher durchgeführten Effektivitätsanalysen zum geltenden Recht zu übersehen, ohne vorhandene Ungenauigkeiten und die mangelnde Vergleichbarkeit verschiedener Effektivitätsanalysen abstreiten zu wollen, wurde Erkenntnis und Information für Wissenschaft und Praxis zumindest auf folgenden Gebieten durch diese Effektivitätsanalysen zur Verfügung gestellt:

*Erstens.* Es wurden Informationen über die Regelungsgüte zahlreicher geltender Rechtsvorschriften gewonnen. Dies war oft mit Einblicken in die Geeignetheit oder manchmal in die Ungeeignetheit von Rechtsvorschriften zum Erreichen bestimmter sozialer Zielstellungen entsprechend der Politik von Partei und Staat verbunden.

*Zweitens.* Es wurden Informationen über die Notwendigkeit und Möglichkeiten eines wirksameren Einsatzes des geltenden Rechts durch entsprechende Leitungsmaßnahmen gewonnen. Das kam insbesondere der Leitung der Rechtsanwendung und Rechtsverwirklichung zugute, in deren Entscheidungsgrundlagen diese Informationen eingingen.

*Drittens.* Die Effektivitätsuntersuchungen ließen oft Rückschlüsse auf den Stand der

Rechtsbewußtseinsentwicklung in einzelnen Bereichen der Gesellschaft zu, die wiederum Schlußfolgerungen für Rechtserziehung und Rechtspropaganda ermöglichten.

*Viertens.* Es konnten wesentliche Erkenntnisse gewonnen werden für die Rechtsetzung, vor allem für die Gesetzgebung. Dabei ging es nicht immer nur darum, herauszufinden und zu präzisieren, welche gesellschaftlichen Beziehungen vom Recht zu regeln sind, sondern ebenso oft ging es auch darum, wie bestimmte Regelungen beschaffen sein müssen, damit sie effektiv wirken können.

Neben diesen vier Gebieten gibt es noch zwei weitere, auf denen durch Effektivitätsanalysen Informationen und Daten auf den Tisch gekommen sind. Allerdings, so scheint mir, ohne daß diese beiden Gebiete bereits schon zielgerichtet genug von der Praxis genutzt und von der Rechtswissenschaft thematisiert worden wären.

Das eine Gebiet ist die Rechtsprognose. Nachdem auf dem XI. Parteitag der SED festgestellt wurde, daß wir nunmehr in der DDR über ein Rechtssystem verfügen, das den gesellschaftlichen Anforderungen entspricht; geht es in den nächsten Jahren zunehmend darum, um Fragen, wie auf dieser Grundlage und ausgehend von ihr dieses Recht weiterentwickelt werden kann.

Die Ausarbeitung von Problemen der Rechtsprognose im Zusammenhang mit Effektivitätsanalysen zum geltenden Recht wird immer wichtiger, wenn die Machbarkeit stabiler Rechtsetzungs- und Gesetzgebungsplanung weiter vorangebracht werden soll. Sie ist zudem ein Feld, auf dem sich heute die Einheit und gegenseitige Bedingtheit eines de lege lata-Denkens und eines de lege ferenda-Denken in der marxistisch-leninistischen Rechtswissenschaft bewähren kann.

Vor einigen Jahren, Ende der 70er Jahre, gab es eine Einschätzung von kompetenter Seite, derzufolge die Gesetzgebungsplanung noch nicht sehr viel über das Stadium der Handwerkelei hinausgekommen sei.

In der Zwischenzeit wurden nun sicher eine ganze Reihe von Erfahrungen gesammelt, die die Gesetzgebungsplanung voranbrachten. Dennoch gibt es gerade auf diesem Gebiet noch viel zu tun, vor allem von seiten der Wissenschaft. Mein Plädoyer für eine Rechtsprognose in Theorie und Praxis, vor allen Dingen aber zunächst in der Theorie, ist nicht als eine Einladung für Flüge zu Wolkenkuckucksheimen aufzufassen. Rechtsprognose wird realistisch bleiben, wenn sie nicht abgetrennt von Effektivitätsanalysen des geltenden Rechts betrieben wird und wenn ihre sozialtheoretischen und rechtssoziologischen Grundlagen zielstrebig verstärkt werden. Rechtsprognose kann wohl nur dann einigermaßen verläßlich betrieben werden, wenn sie mit einer genetischen, strukturellen und funktionalen Analyse rechtlicher Regelungen verbunden sind.

Das zweite Gebiet, auf dem von Effektivitätsuntersuchungen zu Tage Gefördertes bisher ungenügend genutzt wird, betrifft die Konstituierung der empirischen Basis für die rechtswissenschaftliche Grundlagenforschung selbst. Die Gemeinschaftsarbeit zwischen Theorie und Praxis bei der Durchführung von Effektivitätsanalysen zum sozialistischen Recht verleiht der Theorie-Empirie-Relation innerhalb der Rechtswissenschaft eine besondere Note. Jedenfalls kann die Aufgabe empirischer Datenerfassung im Unterschied zu anderen gesellschaftswissenschaftlichen Disziplinen in der Rechtswissenschaft etwas anders gestellt werden. So wäre etwa zu überlegen, ob wir nicht die notwendige empirische Datenerfassung für die Theoriebildung in der Rechtswissenschaft künftig mit notwendigen, von der Praxis her notwendigen Effektivitätsuntersuchungen nicht nur stärker koordinieren, sondern direkt verbinden. Das ist eine Forderung, die dem Grunde nach schon in der Rechtsetzungsordnung enthalten ist, bloß sie wird noch nicht genügend praktiziert. So kommt es, daß gegenwärtig aufwendige empirische Datenerhebungen durchgeführt werden, die neben notwendigen Effektivitätsanalysen des Rechts herlaufen.

Es soll nicht verhehlt werden, daß in diesem Zusammenhang ein bestimmtes Problem auftaucht, über das nachgedacht werden muß. Es ist die Frage, inwieweit mit bestimmten gewonnenen Daten in der wissenschaftlichen Öffentlichkeit umgegangen werden kann oder soll.

Gerade Effektivitätsuntersuchungen bringen mitunter Daten zutage, die auf dem Marktplatz zu handeln kein Interesse besteht. Dennoch wäre zu prüfen, ob doch nicht manche Dinge im Zusammenhang mit der Effektivitätsuntersuchung so gehandhabt werden, daß sie auch in der wissenschaftlichen Diskussion stärker benutzt werden können.

## II.

Die Verbesserung der leitungspolitischen Verwendbarkeit der Effektivitätsanalyseergebnisse zum Wirken des geltenden Rechts ist ein wesentliches Ziel der Theorie- und Methodenentwicklung zur Effektivitätsproblematik des Rechts. Daß es sich dabei unmittelbar um seine leitungspolitische Verwendbarkeit zum Zwecke der Lösung der vom XI. Parteitag der SED gestellten Aufgaben handelt, versteht sich von selbst.

Die vom XI. Parteitag der SED beschlossenen Aufgaben, die einen neuen Abschnitt bei der Gestaltung der entwickelten sozialistischen Gesellschaft in der DDR einleiten, sind in erster Linie durch eine bedeutsame quantitative und qualitative Entwicklung der Produktivkräfte gekennzeichnet. Die erforderliche qualitative Veränderung der Produktivkräfte findet vor allem in den Kennziffern für den Einsatz von Schlüsseltechnologien ihren Ausdruck. Diese qualitative und quantitative Entwicklung der Produktivkräfte ist mit einer Vervollkommnung der Produktionsverhälnisse verbunden, die vor allem fördernd und stimulierend auf die Produktivkraftentwicklung einzuwirken vermag. Daß zur Bewältigung dieser Aufgaben auch das Recht als ein unverzichtbares Instrument der staatlichen Leitungstätigkeit einzusetzen ist, steht außer Zweifel.

Der Beitrag, den das sozialistische Recht zur Bewerkstelligung gesellschaftlichen Fortschritts im Sozialismus leisten kann und muß, liegt weder in einer abstrakt behaupteten wachsenden Rolle von Recht und Staat, noch schlechthin in einer zunehmenden Qualität der verschiedenen rechtlichen Entscheidungen oder in einer quantitativen Ausdehnung der Paragraphenzahl. Worum es allein geht ist das, was tatsächlich und möglichst rationell mit Hilfe des Rechts in der sozialistischen Gesellschaft im Sinne ihres Fortschreitens bewirkt werden kann und bewirkt wird. Bewirken kann aber das Recht nur etwas, wenn es wiederum soziale Triebkräfte der sozialistischen Gesellschaftsentwicklung freisetzt, stimuliert, schützt oder Bedingungen für deren Entfaltung gestalten hilft. Jedoch auch darum geht es nicht schlechthin, sondern gleichzeitig rückt die Frage in den Vordergrund, das, was mit Hilfe des sozialistischen Rechts sozial bewirkt wird, auch unter dem Gesichtspunkt des gesellschaftlichen Aufwandes zu betrachten.

Nach dieser Problemstellung zu fragen führt uns zu Problemen der Ökonomie des rechtlichen Regelungsprozesses und seiner Optimierung. Hinter dieser Problemstellung verbergen sich ohne Zweifel Fragen der Struktur- und Funktionsbeziehungen, die mit der fortschreitenden Einführung moderner Technik in die Rechtsordnung entstehen. Dennoch wäre es kurz gegriffen, die in Rede stehende Problematik zuvörderst oder ausschließlich unter diesem Aspekt sehen zu wollen.

Die Optimierungsnotwendigkeit des gesamten rechtlichen Regelungsprozesses ist vielmehr ein Folgeproblem der komplizierter und komplexer werdenden rechtlichen Regelungsgegenstände. Eine Entwicklung, die lange anhalten wird, weil sie ein Aspekt der für den entwickelten Sozialismus typischen Gestaltung der Produktivkräfte und Produktionsverhältnisse sowie der Beziehungen zwischen Gesellschafts- und Persönlichkeitsentwicklung ist. Wenn wir davon sprechen, daß mit dem XI. Parteitag der SED ein neuer Abschnitt bei der Gestaltung der entwickelten sozialistischen Gesellschaft eingeleitet wurde, dann heißt das zugleich, daß wir in einen neuen Abschnitt in der ganzheitlichen Gestaltung dieses Gesellschaftsorganismus eintreten. Der XI. Parteitag der SED hat in dieser Beziehung selbst wichtige neue Erkenntnisse formuliert, indem er die Einheit von Wirtschafts- und Sozialpolitik als Hauptkampffeld definierte. Die Einheit von Wirtschafts- und Sozialpolitik als Hauptkampffeld anzusehen heißt, daß sich in diesem Bereich künftig noch intensiver und direkter wichtige Schnittpunkte der Wechselwirkungen zwischen allen Seiten und Bereichen des gesellschaftlichen Lebens ergeben, und zwar zwischen Produktion und Bedürfnisentwicklung, Produktion und Wissenschaft, Produktion, Bildung und Kultur, Wirtschaft und Lebensweise, Betrieb und Territorium usw. Diese neue Stufe in der ganzheitlichen Entwicklung führt zu intensiver werdenden Verflechtungsbeziehungen zwischen allen gesellschaftlichen Bereichen, die zwangsläufig wieder Auswirkungen auf den rechtlichen Regelungsgegenstand haben: Die sozialen Beziehungen, die vom Recht geregelt werden, werden differenzierter. Die Interessen, die vom Recht beeinflußt werden müssen, um soziale Triebkraftentwicklung zu erzielen, sind vielfältiger und ebenfalls differenzierter; es sind Interessen zwischen den Klassen und Schichten, aber auch in den Klassen und Schichten. Es gibt Verlagerungen in den Wirkungsfeldern und in den Wirkungsweisen des sozialistischen Rechts, die u. a. mit den durch die Arbeitsteilung hervorgebrachten Veränderungen in der Sozialstruktur zusammenhängen. Von den sich abzeichnenden Wirkungen, die von der Wechselwirkung zwischen Innen- und Außenfaktoren im Nuklearzeitalter ausgehen, ganz zu schweigen. Zugleich verzahnen sich die Beziehungen zwischen dem rechtlichen Regelungsgegenstand und denjenigen Beziehungen bzw. Seiten von gesellschaftlichen Prozessen, die nicht rechtlicher Regelung unterliegen, auf neue Weise, was u. a. seinen Ausdruck in neuartigen Relationen zwischen dem Gesamtmechanismus der rechtlichen Regelung und allen nichtrechtlichen normativen Systemen der Verhaltensregelung findet.

In diesem Zusammenhängen liegen wesentliche Gründe, warum die analytische Arbeit innerhalb der staatlichen Leitungstätigkeit ein spezifisches Gewicht erhalten hat und darin eingeschlossen die staatliche Effektivitätsanalyse und Kontrolle des sozialistischen Rechts. Die Effektivität des sozialistischen Rechts zu analysieren ist deshalb nicht eine Aufgabe, die man machen oder auch lassen kann, sie ist auch nicht bloß eine Aufgabe, die von wissenschaftlichem Interesse ist, sondern es handelt sich hierbei um eine Aufgabenstellung, die aus objektiven Gründen ein fester Bestandteil staatlicher Leitungstätigkeit ist. Es wird nicht übertrieben sein zu sagen, daß der Einsatz des sozialistischen Rechts in der sozialistischen Gesellschaft immer mehr verbunden werden muß mit einer diesen Einsatz begleitenden Analyse und Kontrolle der Wirksamkeit des Rechts selbst. Deshalb zeigen jene Rechtsbestimmungen, die die Effektivitätsanalyse des Rechts für bestimmte staatliche Organe bereits heute als verbindliche Aufgaben formulieren, eine Entwicklungstendenz in der staatlichen Leitungstätigkeit selbst an. Diese Tendenz korrespondiert wiederum mit der Forderung des Parteiprogramms, die staatliche Leitungstätigkeit entsprechend den wachsenden Aufgaben bei der Gestaltung der entwickelten sozialistischen Gesellschaft weiter zu qualifizieren und ihre gesellschaftliche Wirksamkeit zu erhöhen.

## III.

Ich möchte nun auf einige Aspekte der Zusammenhänge zwischen Effektivitätskontrolle des sozialistischen Rechts und der Optimierung der rechtlichen Regelung, besser gesagt, der Bedeutung dieser Effektivitätsanalyse für die Optimierung der rechtlichen Regelung eingehen.

Es liegt auf der Hand: Effektivitätsanalysen können um so besser Voraussetzungen und Hinweise für Optimierungsmöglichkeiten und -notwendigkeiten bereitstellen, je zielgerichteter sie auf diesen Gesichtspunkt hin konzipiert werden. Wenn gegenwärtig Effektivitätsuntersuchungen konzipiert und die methodischen Vorgehensweisen festgelegt werden, wird zutreffend in der Regel von folgendem ausgegangen:

a) Die Effektivität des Rechts ist ein Verhältnis zwischen den tatsächlichen Wirkungsresultaten eines rechtlichen Regelungskomplexes, eines Rechtsnormenkomplexes und bestimmten sozialen, politischen usw. Zielen, um deretwillen dieser Rechtsnormenkomplex in Geltung ist. Es geht also letztlich immer um eine Beziehung zwischen Gesellschaft und Recht, nicht aber um eine innerrechtliche Beziehung.

b) Diese Ziele, an denen der Wirkungsgrad von rechtlichen Regelungskomplexen gemessen wird, sind die vom staatlichen Gesetzgeber auf der Grundlage der Gesellschaftsstrategie der Partei und ihrer Beschlüsse gesetzten Ziele.

c) Effektivitätsanalysen können nicht auf das gesamte Rechtsnormensystem bezogen angelegt werden, sondern immer nur auf einen vorher genau festgelegten Komplex von Rechtsnormen, sei es innerhalb eines Rechtszweiges oder seien es Rechtsnormen, die mehreren Rechtszweigen entstammen. Das ist sowohl eine Frage der Praktikabilität als auch eine Frage des praktischen Interesses der Staatsorgane, die die Analyse tragen. Jedenfalls ist es heute unbestritten, daß Aufgabenstellungen, die Effektivität des Rechts oder auch die größerer Kodifikationen untersuchen zu wollen, mit bisher nicht überwindbaren Schwierigkeiten verbunden sind und sich in der Nachbarschaft des Illusionären bewegen.

Um detailliertere Aussagen zum Wie und zum Aufwand der rechtlichen Regelung zu erhalten, der nötig war, um bestimmte Wirkungsresultate bei sozialen Zielrealisierungen mit Hilfe des Rechts zu erreichen, sind weitere theoretische wie methodische Überlegungen notwendig. Sie betreffen nach meiner Ansicht zumindest drei Punkte in besonderem Maße:

Der erste scheint mir der zu sein, daß wir künftig bei Effektivitätsuntersuchungen in stärkerem Maße den Zeitfaktor beim Wirken des sozialistischen Rechts zu berücksichten haben.

Zweitens ist es angemessen, nicht nur die beabsichtigten, sondern auch die unbeabsichtigten Wirkungen der verschiedensten Art, die von rechtlichen Regelungen in unserer Gesellschaft ausgehen, gezielt bei Effektivitätsanalysen zu erfassen. Mir scheint gerade dies ein Punkt zu sein, der sich mit einer gewissen logischen Zwangsläufigkeit aus dem Sachverhalt ergibt, daß der rechtliche Regelungsgegenstand nicht nur selbst, sondern auch in seinen Beziehungen, zu den nicht rechtlich geregelten gesellschaftlichen Verhältnissen verflochtener geworden ist.

Drittens scheint es mir notwendig zu sein, in sehr starkem Maße die Rolle prozeduraler Regelungen – ich spreche absichtsvoll nicht nur von prozeßrechtlichen Regelungen – und ihren Einfluß auf das Wirksamkeitsniveau des sozialistischen Rechts zu untersuchen. In den weiteren Ausführungen beschränke ich mich auf die beiden ersten Punkte; was den letzten Punkt angeht, so spare ich ihn aus. Das in Vorbereitung befindliche VII. Berliner rechtstheoretische Symposium wird diese Problematik zum Gegenstand haben.

Die stärkere Einbeziehung des Zeitfaktors in die Theorie der Effektivität des sozialistischen Rechts und in die Methodik von Effektivitätsanalysen ist aus mehreren Gründen notwendig. Ich möchte nur zwei kurz andeuten:

Der eine ergibt sich aus der Natur des rechtlichen Regelungsprozesses selbst. Diese veranlaßt uns nämlich, zwischen dem Wirken des Rechts bzw. seiner Verwirklichung und den Wirkungsresultaten, also dem, was im Ergebnis der Verwirklichung von Rechtsnormen in der Gesellschaft tatsächlich eintritt, zu unterscheiden. Eine vordergründige Gleichsetzung beider verführt u. a. dazu, schon in der bloßen Rechtsanwendungshäufigkeit von Normen ein Kriterium der Effektivität zu sehen. Vor allem aber verstellt uns eine solche Identifikation den Blick für die oft in der Wirklichkeit vorhandene, nicht selten auch erhebliche zeitliche Verschiebung zwischen der Rechtsanwendung, der Rechtsverwirklichung und dem Eintreten ihrer sozialen Resultate. So ist beispielsweise eine familienrechtliche Rechtsanwendungsentscheidung zur Unterhaltsregelung nicht auch schon die vollverwirklichte entsprechende Regelung des Familienrechts. Und noch eine andere Frage ist es, ob und inwieweit die gewollten sozialen Ziele real eintreten. Daß von angewendeten undverwirklichten Rechtsnormen nicht nur kurzfristige, sondern auch mittelfristige und/oder langfristige Wirkungen ausgehen, ist eine Tatsache.

Der zweite Grund ist mehr rechtskonzeptioneller Natur. Er hängt zusammen mit den gesellschaftstheoretischen Weiterentwicklungen unseres Sozialismusbildes, wie sie im Konzept von der entwickelten sozialistischen Gesellschaft zusammengefaßt sind. Es geht darum, die Konsequenzen aus der langfristigen Existenznotwendigkeit des sozialistischen Rechts für dessen gesellschaftliche Wirksamkeit zu ziehen. Dies bedeutet nach meiner Auffassung, mehr davon auszugehen, daß es bestimmte Entwicklungen in den Niveaustufen der gesellschaftlichen Wirksamkeit rechtlicher Regelungen gibt. Hier berührt sich die Theorie von der Wirksamkeit des sozialistischen Rechts und der Methodik ihrer Feststellung eng mit der Anwendung entwicklungstheoretischer Fragestellungen auf das sozialistische Recht.

Wir sollten jedenfalls überlegen, ob die gängige Effektivitätsdefinition nicht um den Zeitfaktor erweitert werden sollte. Treten wir dem näher, wäre die Effektivität nicht bloß als Verhältnisgröße von angesrebtem Ziel und Wirkungsresultat zu definieren, sondern als eine Verhältnisgröße, die sich uns in einem gewissen Zeitintervall in der Wirklichkeit darbietet und die wir zu untersuchen haben. Das hört sich zunächst sehr akademisch an, hat aber große praktische Konsequenzen. Die gesellschaftliche Wirksamkeit sozialistischer Rechtsnormenkomplexe in ihren zeitlichen Dimensionen zu erfassen, würde es nämlich beispielsweise erforderlich machen, periodische Intervalluntersuchungen zu bestimmten Rechtsnormenkomplexen durchzuführen. Erst solche Untersuchungen liefern ein einigermaßen fundiertes Bild über den Wirksamkeitsgrad rechtlicher Normen. Dies ist besonders bei solchen Normen der Fall, deren zeitliche Geltungsdauer langfristig angelegt ist. Überhaupt sei davor gewarnt, von einer einzigen Effektivitätsuntersuchung, die zu einem mehr oder weniger beliebigen Zeitpunkt durchgeführt wird, schon hinreichenden Aufschluß über die tatsächliche Wirksamkeitspotenz der analysierten Rechtsnormen zu erhalten. Auch wäre es angebracht, mehr von sogenannten Vorher- und Nachheruntersuchungen bei der staatlichen Effektivitätskontrolle des Rechts Gebrauch zu machen. Dies bedeutet, den Zustand gesellschaftlicher Beziehungen sowohl vor Inkrafttreten einer rechtlichen Regelung wie nach einer zeitlich bestimmten Periode des Inkraftseins dieser Regelung zu untersuchen.

Gesellschaftliche Wirksamkeit des sozialistischen Rechts in ihrer zeitlichen Dimension zu sehen, ist eine Voraussetzung, um das Verhältnis zwischen den beabsichtigten

Wirkungsresultaten und ihren eventuellen positiven wie negativen Nebenfolgen zu erfassen. Bedingung für eine angemessene Effektivität des sozialistischen Rechts ist nicht nur die Widerspruchsfreiheit zwischen den Rechten, Pflichten und Sanktionen, die das sozialistische Recht vorschreibt, sondern auch die Verträglichkeit zwischen den verschiedenen Zielen von Rechtsnormenkomplexen. Beides gehört zur Regelungsgüte sozialistischer Rechtsnormen. Allein was die Zielverträglichkeit angeht, so kann sie oft nicht ausgemacht werden, wenn rechtszweigorientierte Ressortanalysen zur Effektivität geltender Rechtsnormen durchgeführt werden.

## IV.

Effektivitätsanalysen zum geltenden Recht sind Bestandteil der staatlichen Leitungstätigkeit. Staatliche Organe sind es, die letztlich entscheiden und die Verantwortung tragen, wann bestimmte Effektivitätsuntersuchungen zu welchen sozialistischen Rechtsnormenkomplexen durchzuführen sind. Als Bestandteil der staatlichen Leitungstätigkeit haben Effektivitätsuntersuchungen den Sinn, die Entscheidungsfindung, die Entscheidungsvorbereitung staatlicher Organe zu qualifizieren und zu verbessern. Effektivitätsanalysen als Bestandteil der staatlichen Leitungstätigkeit anzusehen schließt natürlich ein, daß staatliche Organe auch die Wissenschaft, einzelne Institute, einzelne Einrichtungen mit der Durchführung solcher Analysen beauftragen können.

Die Gemeinschaftsarbeit zwischen Wissenschaft und Praxis bei der Durchführung von Effektivitätsuntersuchungen hat einen Doppelaspekt. Zum einen geht es darum, daß von der Wissenschaft ein Beitrag zur Lösung bestimmter staatlicher Aufgabenstellungen geleistet wird. In diesem Sinne ist die Teilnahme der Rechtswissenschaft an Effektivitätsanalysen ein Stück angewandter Forschung. Zum anderen geht es um den Nutzen, den Effektivitätsanalysen für die rechtswissenschaftliche Theoriebildung bringt.

Ohne diese Theoriebildung ist es nicht möglich, morgen und übermorgen unseren Beitrag bei der Lösung praktischer Aufgaben einzubringen. Die Verbindungen zwischen Theorie und Praxis sind auch im Bereich des Rechts in keiner Richtung eine Einbahnstraße. Und schon gar nicht dürfen sie von der Wissenschaftsseite als Ersatz für die Anstrengungen zur Bildung des Begriffs angesehen werden. „Grau, teurer Freund, ist alle Theorie und grün des Lebens goldner Baum" – ein Satz, der im richtigen Kontext gesprochen, goldrichtig ist. Doch werden Sentenzen dieser Art vielleicht nicht manchmal auch dazu benutzt, um der Bequemlichkeit von Theorielosigkeit teilhaftig zu werden oder den Praxisorganen bloße Zustandsbeschreibungen, statt theoretische Analysen für die Entscheidungsfindung anzubieten?

In einem Aufsatz, den Hörnig/Schirmer mit dem Zentralen Forschungsplan der marxistisch-leninistischen Gesellschaftswissenschaften der DDR 1986 bis 1990 veröffentlicht haben, heißt es: „Die Einheit von Theorie und Praxis zielt nicht nur auf praktische Wirksamkeit der Gesellschaftswissenschaften, sondern – organisch damit verbunden – zugleich auf das Niveau und die Aussagenkraft der Theorie. Praktisch wirksam wird auf die Dauer nur eine gut fundierte, allseitig begründete Theorie sein. Das zeigen die Erfahrungen unserer Partei bei der Verwirklichung und Weiterentwicklung der wissenschaftlichen Konzeption der entwickelten sozialistischen Gesellschaft."[1]

Das theoretische Denken ist es, das aus dem Rohmaterial der Daten, die durch Beobachtung oder Experiment oder soziologische Erhebung gewonnen werden, erst wissenschaftliches Wissen macht.

Aber das theoretische Denken macht nicht nur aus dem Rohmaterial der Daten wissenschaftliches Wissen, das theoretische Denken leitet auch die Datengewinnung, indem sie das richtige, weniger richtige oder auch zuweilen unrichtige Fragen reguliert. Kurzum: Die Tatsachengewinnung selbst wird über die Fragestellung, die sie leitet, bereits durch vorhergegangenes theoretisches Denken orientiert.

Für diejenigen, die eine Zuneigung für die historische Dimension unseres Geschäfts haben, zum Schluß noch ein Wort Kants. Ich zitiere aus seiner Schrift: „Über den Gemeinspruch, das mag in der Theorie richtig sein, taugt aber nicht für die Praxis. Es kann also niemand sich für praktisch bewandert in einer Wissenschaft ausgeben und doch die Theorie verachten, ohne sich bloß zu geben, daß er in seinem Fach ein Ignorant sei: indem er glaubt, durch Herumtappen in Versuchen und Erfahrungen, ohne sich gewisse Prinzipien (die eigentlich das ausmachen, was man Theorie nennt) zu sammeln, und ohne sich ein Ganzes (welches, wenn dabei methodisch verfahren wird, System heißt) über sein Geschäft gedacht zu haben, weiterkommen zu können, als ihn die Theorie zu bringen vermag.“[2]

## Anmerkungen

1 H. Hörnig/G. Schirmer, Ergebnisse und Aufgaben gesellschaftswissenschaftlicher Forschung, in: Einheit 8/1986, S. 699.

2 Von den Träumen der Vernunft, hrsg. v. B. u. St. Dietzsch, 1981, S. 344.

Siegfried Wittenbeck

# Einige Probleme einer praxiswirksamen Effektivitätskontrolle des sozialistischen Rechts

Fragen der Effektivitätsanalysen des sozialistischen Rechts haben in den letzten Jahren außerordentlich an Bedeutung gewonnen und werden auch künftig zunehmend einen Schwerpunkt unserer Arbeit bilden.

Aufgabenstellungen zur Analyse der Wirksamkeit von Rechtsvorschriften sind seit Jahren Bestandteil staatlicher Leitungstätigkeit im Bereich der Justiz. Im Statut des Ministeriums der Justiz ist ausdrücklich festgelegt, daß zu den Aufgaben des Ministeriums als eines Organs des Ministerrates die ständige Analyse der Wirksamkeit der in seinem Verantwortungsbereich erlassenen Rechtsvorschriften gehört.[1] Auch andere zentrale Justiz- und Sicherheitsorgane analysieren die Rechtsanwendung in ihren Bereichen. So beruht z. B. jedes Plenum des Obersten Gerichts der DDR auf umfassenden Untersuchungen und Einschätzungen der Rechtsprechungspraxis der Gerichte. Diese Einheit von Gesetzgebung und Rechtsanwendung ist Ausdruck der bestehenden Dialektik unserer Gesellschaftsverhältnisse. Aus den Ergebnissen der Analyse ergeben sich neue Anforderungen an die Weiterentwicklung des Rechts sowohl in bezug auf seine qualifizierte Anwendung und Durchsetzung als auch für die Rechtsetzung. Es handelt sich um einen dynamischen Prozeß, der Ausdruck unserer revolutionären Gesellschaftsentwicklung ist.

Im September 1986 hatten wir Gelegenheit, im Verfassungs- und Rechtsausschuß der Volkskammer der DDR zu Erfahrungen bei der Verwirklichung des Gesetzgebungsplanes für den Zeitraum bis 1985 sowie Schlußfolgerungen und Probleme bei der Vorbereitung des neuen Gesetzgebungsplanes zu berichten. Sowohl im Bericht als auch in der anschließenden Diskussion wurde den Fragen der praxiswirksamen (insbesondere auch gesetzgebungswirksamen) Effektivitätsanalyse unseres Rechts eine große Bedeutung zugemessen. Es wurde die Forderung erhoben, neuen Rechtsetzungsmaßnahmen grundsätzlich Analysen des geltenden Rechts vorgehen zu lassen.

Ausgehend von der Feststellung des XI. Parteitages der SED, daß wir über ein umfangreiches Gesetzeswerk verfügen, das allen Bürgern die gleichen Rechte und Freiheiten garantiert, die Würde des Menschen schützt und sein Handeln im Sinne des sozialen Fortschritts fördert, sehen wir die vorrangige Aufgabe in den nächsten Jahren darin, die geltenden Rechtsvorschriften konsequent durchzusetzen und ihre Effektivität weiter zu erhöhen. In diesem Zusammenhang gewinnen Analysen zur Wirksamkeit der Rechtsvorschriften, auf deren Grundlage Schlußfolgerungen zur Verbesserung der Rechtsanwendung zu erarbeiten und die Aufgaben auf dem Gebiet zu bestimmen sind, zunehmend an Bedeutung.

Wenn wir auch in Zukunft zielstrebig an der Verwirklichung der im Programm unserer Partei gestellten Aufgaben arbeiten werden, „die sozialistische Rechtsordnung entsprechend dem Reifegrad der sozialistischen Gesellschaft und den Erfordernissen ihrer weiteren Entwicklung ständig zu vervollkommnen“[2], so gehen wir davon aus, daß wir in der Perspektive der Mehrzahl der größeren planmäßigen Gesetzgebungvorhaben sorgfältige Analysen zur Wirksamkeit der bestehenden Rechtsvorschriften auf diesem Gebiet zugrundlegen werden.

Im letzten Gesetzgebungsplan bis 1985 waren insgesamt 11 Analyseaufgaben enthalten, die alle planmäßig erarbeitet wurden. Ich möchte hier nur beispielhaft die Analyse zur Wirksamkeit des Berggesetzes[3] sowie zum Gesetz zum Schutz der Kultur- und Nutzpflanzen nennen.[4]

Auf dem Gebiet des Justizrechts haben wir die Bestimmungen des Strafgesetzbuches zum Schutz der Volkswirtschaft, der Verordnung über Verfehlungen einschließlich Fragen des Ordnungswidrigkeitsrechts sowie die Wirksamkeit von Regelungen der Straf- und Zivilprozeßordnung analysiert.

In einer Berichterstattung an den Vorsitzenden des Ministerrates der DDR konnten wir feststellen, daß sich die erstmals mit dem Gesetzgebungsplan im größeren Umfang festgelegten Analyseaufgaben bewährt haben und sich die Analyse als ein wichtiges Instrument, die Wirksamkeit von Rechtsvorschriften einzuschätzen, erwiesen hat. Als Problem zeigte sich jedoch, und das wurde durch den unterschiedlichen Aufbau der Analysen und durch ein außerordentlich differenziertes Herangehen an diese Aufgaben besonders deutlich, daß wir gegenwärtig nur einen ungenügenden theoretischen Vorlauf für die Ausarbeitung von Effektivitätsanalysen haben, und nur in ersten Anfängen Erfahrungen mit solchen Analysen aufbereitet und verallgemeinert wurden.

Durch das Ministerium der Justiz wurde ein Material für Hinweise und Empfehlungen zur Vorbereitung und Durchführung von Analysen von Rechtsvorschriften in der Volkswirtschaft erarbeitet, das den Ministerien und anderen zentralen Staatsorganen sowie den rechtswissenschaftlichen Einrichtungen zur Verfügung gestellt wurde. Hierin haben wir versucht, erste Kriterien für die Anfertigung und den Aufbau von Analysen zu nennen. Schwerpunkte dieses Materials sind insbesondere Orientierung zur:

- Herausarbeitung der gesellschaftlichen Aufgabe, die der Analyse der Wirksamkeit von Rechtsvorschriften zugrundeliegt;
- Erarbeitung von Wirksamkeitskriterien;
- Feststellung der Ursachen für eine möglicherweise noch nicht ausreichende Wirksamkeit von Rechtsvorschriften und -normen;
- Organisation der analytischen Tätigkeit.

Mit den Hinweisen wurde zugleich versucht, ein Beispiel für den Arbeitsablauf bei der Analyse der Wirksamkeit von Rechtsvorschriften im Bereich der Volkswirtschaft zu geben.

Anläßlich der staats- und rechtswissenschaftlichen Konferenz der DDR 1985 habe ich im Arbeitskreis IV bereits einige Erfahrungen mit Effektivitätsanalysen dargelegt.[5] Wir sind uns jedoch bewußt, daß es hier nur um erste Erkenntnisse zu Effektivitätsanalysen geht, die weiter zu entwickeln sind.

Ich teile in vollem Umfang auch die in der bereits erwähnten Beratung des Verfassungs- und Rechtsausschusses in der Diskussion vertretenen Auffassungen, die Analysen zur Wirksamkeit des geltenden Rechts noch komplexer zu gestalten und die Kriterien für die Analysetätigkeit zu bestimmen und auszubauen. Im Ausschuß wurde auch betont, daß die bisherigen Analysen nach recht unterschiedlichen Kriterien angefertigt wurden, und daß manche dieser Analysen, die eigentlich zwischen den verschiedenen Rechtszweigen und Gesetzgebungsakten vergleichbar sein müssen und sollten, diese Vergleichbarkeit in vielen Punkten vermissen lassen.

Wenn wir den kommenden Gesetzgebungsplan dem Ministerrat der DDR zur Beschlußfassung vorlegen, dann werden in noch stärkerem Maße als bisher Analyseaufgaben vorgeschlagen. Das unterstreicht besonders nachdrücklich, daß es jetzt darauf ankommt, die begonnene Diskussion zu fundierten Ergebnissen zu führen. Aus der Sicht der zentralen Leitung sind wir bisher an die Analyse der Wirksamkeit von folgenden Fragestellungen ausgegangen:

- Welche gesellschaftlichen Erscheinungen reflektieren den Untersuchungsgegenstand (z. B. welche Erscheinungen kennzeichnen die Wirtschaftskriminalität)?
- Inwieweit ist das geltende Recht in der Lage, diese Erscheinungen voll zu erfassen?
- Welche Möglichkeiten des geltenden Rechts werden gegenwärtig noch nicht genügend genutzt und welche Gründe gibt es hierfür?
- Welche neuen Regelungserfordernisse werden sichtbar?

Trotz erreichter Fortschritte stellt sich vor allem für die Rechtswissenschaft die Aufgabe – und diesem Ziel dient ja die heutige Beratung – die erforderlichen wissenschaftlichen Grundlagen weiter auszuarbeiten. Das betrifft sowohl die Staats- und Rechtstheorie als auch die Zweigdisziplinen. Wir sind bereit, unsere praktischen Erfahrungen für die theoretische Verallgemeinerung zur Verfügung zu stellen, soweit ein wissenschaftliches Interesse daran besteht.

Gemeinsam sollten wir ins Auge fassen, in möglichst kurzer Frist allgemeingültige Aussagen über Sinn und Zweck der Wirksamkeitsanalysen, ihren Inhalt und ihre Bedeutung, insbesondere auch zur Methode der Wirksamkeitsanalyse, herauszuarbeiten.

## Anmerkungen

1 Vgl. Statut des Ministeriums der Justiz – Beschluß des Ministerrates – vom 25. 3. 1976, GBl. I Nr. 12, S. 217; Gesetz über den Ministerrat der DDR vom 16. 10. 1972, GBl. I Nr. 16 S. 253 § 8 Abs. 1; Beschluß zur „Ordnung über die Vorbereitung und Gestaltung von Rechtsvorschriften" vom 25. 7. 1980, GBl. Sdr. Nr. 1056 § 2 Abs. 1.

2 Programm der Sozialistischen Einheitspartei Deutschlands, Berlin 1976, S. 43.

3 Vgl. Berggesetz der DDR vom 12. 5. 1969, GBl. I Nr. 5 S. 29.

4 Vgl. Gesetz zum Schutze der Kultur- und Nutzpflanzen vom 25. 11. 1953, GBl. I Nr. 125 S. 1179.

5 Vgl. S. Wittenbeck, Die Bedeutung von Wirksamkeitsanalysen des sozialistischen Rechts für eine weitere Qualifizierung der Gesetzgebung, in: Staat und Recht 9/1985, S. 726 ff.

Gotthold Bley

# Zur Wirksamkeitsforschung auf dem Gebiet des Zivilrechts

In den letzten Jahren haben die Zivilrechtler der DDR in enger Zusammenarbeit mit Praktikern auf ausgewählten gesellschaftlichen Bereichen die Wirksamkeit des Zivilgesetzbuches der DDR vom 19. 6. 1975 (ZGB) analysiert. Erste Ergebnisse liegen vor.[1] Die durchgeführten Analysen enthalten Aussagen und Informationen über das Wirken des ZGB und seiner Nachfolgeregelungen. Nachdem in den letzten Jahren erfolgreich Untersuchungen zur Wirksamkeit der Normen des ZGB über Miete, Kauf und Dienstleistungen durchgeführt, Erfahrungen theoretisch verallgemeinert und veröffentlicht worden sind, konzentrieren wir uns in den nächsten Jahren auf den Beitrag des Zivilrechts zum Schutze des Lebens, der Gesundheit und des Eigentums vor Schadenzufügung.

Für unsere weitere Forschungsarbeit zur Wirksamkeit des Zivilrechts haben wir aus den zurückliegenden Untersuchungen zwei Schlußfolgerungen gezogen:

1. Die bisherigen Erfahrungen und Ergebnisse verdeutlichen die Notwendigkeit, besonders die theoretisch-konzeptionelle Arbeit zu qualifizieren, um besser als bisher die objektive Realität, das Wissen und den Inhalt rechtlich determinierter Prozesse, Erscheinungen, Eigenschaften und Strukturen zu erfassen, die ihnen zugrunde liegenden objektiven Gesetzmäßigkeiten und Bedingungen in ihrer wechselseitigen Wirkung zu untersuchen.
2. Angesichts der wachsenden Dynamik und des hohen Grades der Verflechtungen der gesellschaftlichen Prozesse wächst die Bedeutung des komplexen Herangehens an die Erforschung rechtlicher Erscheinungen. Das erfordert u. a., die (vor allem auch nichtrechtlichen) Faktoren zu berücksichtigen, die auf die Wirksamkeit des Rechts Einfluß nehmen.

Ausgangspunkt für Forschungen zu diesem Thema waren zunächst konzeptionelle Arbeiten. Sie enthalten exakte Festlegungen darüber, welche gesellschaftlichen Verhältnisse untersucht werden sollen, welche Rechtsnormen auf ihre Gestaltung einwirken und mit welcher Zielstellung ihre Wirksamkeit analysiert werden soll.

Im Zusammenwirken mit der Praxis haben wir als Zielstellung des genannten Forschungsvorhabens bestimmt:

1. Die Wirksamkeit der Bestimmungen des Fünften Teils des ZGB sowohl über die allgemeinen Pflichten zur Verhütung von Schäden und zur Abwehr von Gefahren als auch die Wiedergutmachung von Schäden und des Versicherungsschutzes zu analysieren.
2. Vorschläge insbesondere für die Rechtsverwirklichung zu unterbreiten und Entwicklungstendenzen der zivilrechtlichen Verantwortlichkeit sichtbar zu machen sowie die Theorie der zivilrechtlichen Verantwortlichkeit weiter zu entwickeln und zur Klärung noch umstrittener Fragen beizutragen.

Es geht darum zu prüfen, wie dieses sehr komplizierte rechtliche System „Verantwortlichkeit“ wirksamer gestaltet und eingesetzt werden kann als bisher. Das erfordert exakte Kenntnisse der Wirklichkeit, um Wirkungsmechanismen, Wirkungsmöglichkeiten und ihre Grenzen zu ermitteln, um daraus Schlußfolgerungen für die Rechtsanwendung und Gesetzgebung ziehen zu können.[2] Die Kernfrage bei unseren Untersuchungen ist deshalb, ob das vom Gesetzgeber mit den Normen des Fünften Teils des ZGB angestrebte soziale Ziel (vollständig oder graduierter abgestuft) erreicht wurde. Dazu gehören auch solche Faktoren wie der Aufwand und die Schnelligkeit, mit der das soziale Ziel erreicht wurde sowie aufgetretene negative Nebenwirkungen dieser Normen.

Für geeignete Maßstäbe, an denen die Wirksamkeit der Normen des ZGB zum Schutz des sozialistischen und persönlichen Eigentums vor Schadenszufügung gemessen werden können, hielten wir: Die Entwicklung der Schadenssumme; die Häufigkeit von schadensverursachenden Handlungen; die Struktur der schadensverursachenden Handlungen; Aktivitäten zur Umsetzung von Maßnahmen der Schadensverhütung und zur Abwehr von Gefahren; die Geltendmachung von Schadensersatzansprüchen; das Aufwand-Nutzen-Verhältnis bei der Durchsetzung von Schadensersatzansprüchen; die Konsequenz und Dauer von Vollstreckungsmaßnahmen.

Die theoretisch-konzeptionelle Arbeit zu diesem Forschungsvorhaben umfaßt weiter die Ausarbeitung inhaltlicher Schwerpunkte und Hypothesen für die durchzuführenden Untersuchungen. Zwei darf ich nennen:

1. Der Fünfte Teil des ZGB ist kein bloßes Schadensersatzrecht. Im Gegenteil, diese Normen orientieren auf ein aktives, vom Bewußtsein der Verantwortung gegenüber der Gesellschaft getragenes schadensvorbeugendes Handeln. Selbstverständlich gehört es zur Funktion des Zivilrechts, daß es dem Geschädigten zum Ausgleich der materiellen Schäden verhilft, die er durch rechtswidriges Verhalten anderer erlitten hat. Dennoch wäre es verfehlt, die materielle Verantwortlichkeit für solche Schäden auf diese Wiedergutmachungsfunktion zu reduzieren. Nicht minder bedeutsam ist die Aufgabe, in Zusammenhang mit der Verpflichtung zum Schadensausgleich auf den Rechtsverletzer erzieherisch Einfluß zu nehmen und darauf hinzuwirken, daß die Ursachen und Bedingungen der Rechtsverletzungen erkannt und beseitigt werden.

Die Forschungen konzentrieren sich deshalb auf die Wirksamkeit der Pflichten zur Schadensvorbeugung (§§ 323 ff. ZGB). Diese Pflichten charakterisiert der Gesetzgeber ausdrücklich als allgemeine Rechtspflichten. Das wirft eine Reihe zivilrechtstheoretischer Probleme auf, die die Verwirklichung und letztlich die Wirksamkeit dieser Rechtsnormen eng berühren. Es geht vor allem darum, deren Verbindlichkeitsgrad von allgemeinen Rechtspflichten zu bestimmen, ihren Durchsetzungsmechanismus zu untersuchen und die Nichterfüllung von allgemeinen Rechtspflichten und den Rechtsfolgen juristisch zu definieren. Dabei wird die Tatsache Beachtung verdienen, daß die Elemente des Wirkungsmechanismus dieser allgemeinen Rechtspflichten vielfach außerhalb des Zivilrechts angesiedelt sind.

Die Forschungen zu den allgemeinen Rechtspflichten sind insbesondere darauf gerichtet, wie die der Schadensvorbeugung dienenden Bestimmungen des ZGB in ihrer Wirksamkeit erhöht werden können. Deshalb müssen Möglichkeiten der Vorbeugung in Betrieben (z. B. Vereinbarungen über die Schadensverhütung zwischen Staatlicher Versicherung und Betrieben), in Wohngebieten und durch demokratische Mitwirkungsformen der Bürger untersucht werden. Untersuchungen in Betrieben sollen vor allem zum Inhalt der in innerbetrieblichen Leitungsdokumenten festgelegten Rechte und Pflichten der Betriebe, ihrer leitenden Mitarbeiter und Werktätigen bei der zivilrechtlichen Schadenvorbeugung, zur Verantwortung der zuständigen Leiter für die Beseitigung der Schadensursachen und begünstigenden Bedingungen sowie für die konsequente Durchsetzung von Schadensersatzforderungen wegen Verletzung des sozialistischen Eigentums durchgeführt werden. Es sind die Vorsorgepflichten der Betriebe für die Beseitigung, Minderung und Verhütung zivilrechtlicher Schäden anhand betrieblicher Leitungsdokumente für eine mögliche Verallgemeinerung zu analysieren und Vorschläge für die weitere Vorbeugung von außervertraglichen rechtswidrigen Schadenszuführungen zu unterbreiten, die auf die Vermeidung von Schäden überhaupt, die Beseitigung von bereits eingetretenen Schäden und die Verhinderung ihrer Ausweitung und auf allgemeine, in der Leitungstätigkeit durchzusetzende Vorbeugungsmaßnahmen gerichtet sind.

2. Die Schadenswiedergutmachung ist wie die Schadensvorbeugungspflicht ein gesellschaftliches Grundanliegen. Deshalb richten sich die Forschungen auch auf die Wirksamkeit der Bestimmungen über die Verantwortlichkeit für Schadenszufügung (§§ 330 ff. ZGB). Sie schließen die Analyse der Sanktion des Schadenersatzes und Untersuchungen zum Umfang und zur Art des Schadenersatzes ein. In diesem Zusammenhang haben wir folgende Hypothese formuliert: Aufgrund der gesetzlichen prinzipiellen Einengung des Schadensbegriffs auf materielle Nachteile und Geldrestitution sind tatsächlich entstandene Verluste nicht in jedem Falle ersetzbar. Dem Schädiger entstehen dann und insoweit auch keine spürbaren materiellen Nachteile aus der Schadensverursachung, zumal der Schaden überwiegend von der Versicherung getragen wird. In die Analyse sind vor allem auch deshalb die Regelungen des Schadenersatzes nach § 337 ZGB einzubeziehen, weil gesichert sein muß, daß die Zielstellung des Schadenersatzes verwirklicht wird, nämlich: Der Geschädigte ist materiell so zu stellen, als wäre das schädigende Ereignis nicht eingetreten. Es ist weiter zu durchdenken, ob an die Stelle der gesetzlichen prinzipiellen Begrenzung des Schadenersatzes auf die Geldrestitution nicht eine Wahlmöglichkeit des Geschädigten zur Gewährleistung der gebrauchswertmäßigen Wiedergutmachung treten sollte. Die Regelung des § 337 Abs. 2 Satz 2 ZGB, wonach die Beteiligten eine andere Art als die des Geldersatzes vereinbaren können, insbesondere eine Wiederherstellung des ursprünglichen Zustandes durch Arbeitsleistungen hat keine praktische Bedeutung. Der Schädiger denkt nicht daran, solche Verpflichtungen einzugehen, weil sie ihn materiell und persönlich belasten. Endeffekt: Der Geschädigte bekommt zwar Geld, aber wird nicht so gestellt, als wäre das schädigende Ereignis nicht eingetreten. Recht, Rechtsbewußtsein und Ökonomie stehen hier in Widerstreit.

Zu den theoretisch-konzeptionellen Arbeiten gehörte auch die Bestimmung der Untersuchungsfelder und Forschungsquellen. Es wird angestrebt, bei der Wirksamkeitsanalyse versicherungsrechtlicher Regreßbestimmungen unsere Erfahrungen bei der Anwendung mathematisch-statistischer Verfahren weiter auszubauen.[3]

Für unsere Forschungen nutzen wir auch die Weiterbildungslehrgänge für leitende Kader der Justizorgane an der Akademie für Staats- und Rechtswissenschaft der DDR. Die von den Lehrgangsteilnehmern auszuarbeitenden Lehrbeiträge erweisen sich als eine effektive Unterstützung unserer Forschung. Wir haben die Möglichkeiten, unsere Ergebnisse mit diesen Führungskadern zu beraten. Es ist dies ein echter, für beide Teile fruchtbringender Dialog und wissenschaftlicher Meinungsstreit. Zu bestimmten Teilvorhaben haben wir mit Praxisorganen Vereinbarungen abgeschlossen. Die von uns ausgearbeitete Forschungskonzeption ist mit der Praxis beraten und abgestimmt. Auf der Grundlage und in Verwirklichung der Konzeption werden in Zusammenarbeit mit den zentralen Justizorganen und der Staatlichen Versicherung jährliche Untersuchungsprogramme ausgearbeitet, die Ziel und Inhalt der Analyse präzisieren und die zu untersuchenden Fragen bestimmen.

Die Untersuchungen verdeutlichen das Erfordernis, sowohl im Prozeß der Rechtssetzung als auch im Prozeß der Rechtsverwirklichung die Komplexität des Wirkens des

Rechts hinreichend in Rechnung zu stellen und dabei vor allem auch die Wechselwirkungen der Rechtszweige zu beachten.[4]

Bezogen auf unser Forschungsthema haben wir daraus folgende Konsequenzen abgeleitet:

1. Es ist unbedingt erforderlich, das Verhältnis von außervertraglicher Verantwortlichkeit und Versicherungschutz (einschließlich der Wirksamkeit der Regreßbestimmungen) zu untersuchen. Überhaupt ist vor allem auch aus ökonomischer Sicht folgende Problematik nicht uninteressant: Mehrung und Schutz des Volkseigentums erfordern nicht nur Zurückdrängung von Rechtsverletzungen, die sich unmittelbar gegen das Volkseigentum richten (VE als verletztes Objekt), sondern auch solcher Rechtsverletzungen, die gegen das persönliche Eigentum, das Leben und die Gesundheit des Bürgers gerichtet sind und deren Folgen die Versicherung (Staatliche Versicherung oder Sozialversicherung) auszugleichen hat.

Durch den Eintritt der Versicherung wird die Verantwortlichkeit des Schädigers für die Folgen seiner Handlung nicht aufgehoben. Das um so mehr, als Regreßmöglichkeiten bestehen. Gerade unter diesem Aspekt ist die Wirksamkeit der versicherungsrechtlichen Regreßmöglichkeiten zu analysieren.

Es wurde in diesem Zusammenhang die Hypothese formuliert, daß auf Schadenszufügung durch rechtswidriges und grundsätzlich subjektiv vorwerfbares Verhalten staatlich-rechtlich mit der Geltendmachung der zivilrechtlichen Verantwortlichkeit (§§ 330, 333 ff. ZGB) reagiert werden muß, auch dort, wo z. B. die Schadensersatzleistung an den Geschädigten nicht vom Schadensverursacher, sondern aufgrund eines Haftpflichtversicherungsverhältnisses von der Staatlichen Versicherung getragen wird. Das rechtliche Problem liegt darin, daß einerseits die gesetzlich fixierten Rechte zum Schutze von Leben und Gesundheit sowie des persönlichen Eigentums der Bürger im Falle einer Schadenszufügung voll zur Wirkung kommen müssen und andererseits das sozialistische Eigentum – hier die Fonds der Staatlichen Versicherung – vor ungerechtfertigter Inanspruchnahme bei Schadensersatzleistungen aufgrund von Haftpflichtversicherungsverhältnissen geschützt werden.

2. Die Wirksamkeit der zivilrechtlichen Verantwortlichkeit wird entscheidend davon beeinflußt, wie strafrechtliche und zivilrechtliche Verantwortlichkeit zielgerichtet eingesetzt werden, und zwar insbesondere bei der Durchsetzung von zivilrechtlichen Schadensersatzansprüchen und der Anwendung der strafrechtlichen Verpflichtung zur Wiedergutmachung des Schadens im Strafverfahren. Es soll in diesem Zusammenhang vor allem untersucht werden, wie die durch eine Straftat geschädigten Bürger oder Einrichtungen ihre Schadensersatz- oder Regreßansprüche im Strafverfahren geltend machen und als Geschädigte an diesem mitwirken (insbesondere auch §§ 17 ff. StPO).

Mit der Entscheidung im Strafverfahren über den zivilrechtlichen Schadenersatzantrag des Geschädigten sind vor allem dann nicht einfache Probleme zu lösen, wenn es um die gleichzeitige Anwendung strafrechtlicher und zivilrechtlicher Regelungen geht. Zu ihnen gehören Fragen, die das Verhältnis der Wiedergutmachungspflicht nach § 33 Abs. 3 StGB und der zivilrechtlichen Verantwortlichkeit nach § 330 ff. ZGB betreffen. Dabei sind Probleme der strafrechtlichen Wiedergutmachung des Schadens und der zivilrechtlichen außervertraglichen Verantwortlichkeit mehrerer Straftäter (Gesamtschuldnerschaft) von aktueller Bedeutung.[5]

3. Die gesellschaftliche Wirksamkeit der Bestimmungen im ZGB über die zivilrechtliche Verantwortlichkeit zur Wiedergutmachung von dem sozialistischen Eigentum zugefügten Schäden ist entscheidend davon abhängig, daß die Rechtsträger sozialistischen Eigentums ihre Ansprüche gegen den Schadensverursacher geltend machen, daß in

Fällen, in denen der bestehende Zivilrechtskonflikt zwischen Geschädigten und Schädiger nicht eigenverantwortlich gelöst wird, die Gerichte nach Prüfung der zivilrechtlichen Verantwortlichkeit den Schädiger zur Zahlung von Schadenersatz verurteilen und gegebenenfalls gegen ihn Vollstreckungsmaßnahmen durchführen. Es sind deshalb Untersuchungen in Kombinaten bzw. Betrieben sowie in Versicherungseinrichtungen darüber durchzuführen, wie sie ihrer Verantwortung für die Durchsetzung von Schadenersatzforderungen vor Einleitung gerichtlicher Verfahren, in Vorbereitung und innerhalb gerichtlicher Verfahren und vor Einleitung von gerichtlichen Vollstreckungsmaßnahmen nachkommen. Die gerichtlichen Entscheidungen müssen ohne Zeitverlust zügig durch die Vollstreckungsmaßnahmen der Gerichte realisiert werden. Die Forschungen sind deshalb auch darauf zu richten, die Aktivität der Kreisgerichte für die konsequente und zügige Durchsetzung der Forderung der Gläubiger unter Beachtung der Rechte und Interessen der Schuldner zu erhöhen. Im Ergebnis der Untersuchungen sind Vorschläge für die weitere wirksame Anwendung der Bestimmungen der ZPO über die Vollstreckung, insbesondere der Bestimmungen der Pfändung von Sachen, zu unterbreiten.

All das verdeutlicht: die wachsende Dynamik der gesellschaftlichen Prozesse und ihrer Verflechtungen erfordern ein komplexes Herangehen an die Erforschung rechtlicher Erscheinungen. Die interdisziplinäre Forschungsarbeit ist weiter zu entwickeln, die gemeinsamen Forschungsarbeiten sind richtig in die komplexe Zielstellung einzuordnen. Aber: Bei aller notwendigen Forschungskonzentration und interdisziplinären Zusammenarbeit muß das Forschungsvorhaben zugleich disziplinbezogen vorbereitet und ausgewertet werden. Interdisziplinäres Vorgehen in der Forschung erfordert die eindeutige Bestimmung der einzelwissenschaftlichen Beiträge und ihre genaue Einordnung in die übergreifende Thematik. Nur so führen notwendig werdende interdisziplinäre Forschungen zu für Theorie und Praxis nützlichen Ergebnissen.

## Anmerkungen

1 Vgl. Autorenkollektiv unter Leitung von J. Göhring, Erfahrungen bei der Verwirklichung des Zivilgesetzbuches, Berlin 1986, insbes. S. 15 ff.

2 Vgl. M. Posch, Aktuelle Probleme zivilrechtlicher Verantwortlichkeit, gekürzte Fassung des Vortrages zum VIII. Jenaer Juristentag, Wissenschaftliche Beiträge der Friedrich-Schiller-Universität Jena, 1982, S .10 ff.

3 Vgl. D. Klimesch, K.-H. Kranz, Anwendung mathematisch-statistischer Verfahren – insbesondere die beschreibende Statistik – bei der empirischen zivilrechtlichen Forschung, in: Autorenkollektiv unter Leitung von S. Söder, Methoden der staats- und rechtswissenschaftlichen Forschung, in: Aktuelle Beiträge der Staats- und Rechtswissenschaft, Heft 295, S. 49 ff.

4 Vgl. G. Bley, Zur Komplexität des Wirkens des Rechts, in: Staat und Recht bei der weiteren Entfaltung der Vorzüge und Triebkräfte der sozialistischen Gesellschaft, in: Band IV, Wirksamkeit des Rechts und Entwicklung der Triebkräfte der sozialistischen Gesellschaft, Aktuelle Beiträge der Staats- und Rechtswissenschaft, Heft 330, S. 11 ff.

5 Vgl. G. Bley, H. Grieger, Wiedergutmachung von Schäden und Schutz des sozialistischen Eigentums, in: Neue Justiz 3/1986, S. 92 ff.

Frithjof Kunz/Günter Leifert

# Zu Theorie und Praxis der Erforschung der Wirksamkeit des sozialistischen Arbeitsrechts

Die Wirksamkeit des sozialistischen Rechts so zu erforschen, daß damit leitungspolitisch verwertbare Ergebnisse für die Staats- und Rechtspraxis erbracht, die verhaltensorganisierende und -stimulierende Rolle des Rechts weiter erhöht und gleichzeitig die Theorie des sozialistischen Rechts sowie die Methoden der rechtswissenschaftlichen Forschung vervollkommnet und entwickelt werden, ist auch ein zentrales Anliegen der Arbeitsrechtswissenschaft. Insoweit ist K. A. Mollnau zuzustimmen, wenn er die Forschungen zur Effektivität des Rechts als hervorragend geeignet wertet, die Rechtswissenschaft als angewandte Wissenschaft zu profilieren und gleichzeitig ihre theoretischen Grundlagen zu verstärken.[1] Es ist ihm auch darin zu folgen, daß eine allgemeine Theorie und Methodologie der gesellschaftlichen Wirksamkeit des sozialistischen Rechts gewissermaßen als Bestandteil der umfassenden Theorie des sozialistischen Staates und des Rechts in vielerlei Hinsicht von Nutzen für die gesamte Rechtswissenschaft und damit auch für die Zweigdisziplinen ist. Auch die Arbeitsrechtswissenschaft hat wichtige Impulse von den hierbei erzielten Resultaten erhalten, wie sie z. B. in den beiden bekannten Büchern über die Effektivität der Rechtsnormen sowie über objektive Gesetze, Recht, Handeln vorgestellt sind.[2]

Indessen soll zu einer solchen Effektivitätstheorie auch unterstrichen werden, daß das sozialistische Recht nicht von der Rechtswissenschaft geschaffen, durchgesetzt und seine aktive Verwirklichung von ihr kontrolliert wird. Dies erfolgt durch den sozialistischen Staat der Arbeiter und Bauern. Grundlage dafür sind unsere Verfassung und die darauf beruhenden Rechtsvorschriften.[3] So ist die Verantwortung für die Verwirklichung des Arbeitsrechts von der zentralen Ebene des Ministerrates bis zu der des Betriebes und für die damit verbundene Analyse der Wirksamkeit des Arbeitsrechts im Arbeitsgesetzbuch klar geregelt. Sie obliegt danach auch im Betrieb grundsätzlich dem Betriebsdirektor und den leitenden Mitarbeitern. Gleichzeitig verwirklichen die Gewerkschaften ihr in Artikel 45 der Verfassung verankertes Recht auf Teilnahme an der Gestaltung der sozialistischen Rechtsordnung besonders aktiv und umfassend auf dem Gebiet des Arbeitsrechts, sowohl bei dessen Schaffung als auch bei seiner Verwirklichung und Kontrolle. Dies bedeutet jedoch nicht, daß der Arbeitsrechtswissenschaft keine Aufgaben bei der Analyse der Wirksamkeit des Arbeitsrechts und der Erhöhung seiner Wirksamkeit obliegen. Ihr erwächst entsprechend ihrem Gegenstand und ihren Aufgaben eine besondere Verantwortung bei der Unterstützung der Analyse der gesellschaftlichen Wirksamkeit des Arbeitsrechts durch die staatlichen Organe und Betriebe. Insbesondere hat sie die hierfür erforderlichen und hinreichenden anwendungsfähigen wissenschaftlichen Grundlagen und methodischen Instrumentarien bereitzustellen. Ihre Verantwortung schließt aber auch die aktive Mitarbeit bei konkreten Analysen sowie die soziologische Fundierung der jeweiligen arbeitsrechtswissenschaftlichen Planvorhaben ein. Darüberhinaus haben die Arbeitsrechtswissenschaftler selbst Analysen der Wirksamkeit des Arbeitsrechts anzufertigen. In jedem Falle steht jedoch diese eigene soziologische Forschung nicht isoliert neben der Tätigkeit der eigentlichen Träger und Organisatoren der Arbeitsrechtsdurchsetzung. Die arbeitsrechtswissenschaftliche Forschung, ihrerseits selbst durch den Forschungsplan gesteuert, ist eingeordnet in die planmäßig von den Staatsorganen, Kombinaten, den Betriebs- und Arbeitskollektiven zu bewältigende Tätigkeit, die letztlich in die weitere Gestaltung der entwickelten sozialistischen Gesellschaft im Bereich der Arbeitsverhältnisse der Arbeiter und Angestellten und der damit unlöslichen verbundenen gesellschaftlichen Verhältnisse einmündet.

Die Analyse der Wirksamkeit des Arbeitsrechts durch die Arbeitsrechtswissenschaft dient dazu, die Wege, Formen und Methoden zu erforschen, die dazu führen, die Effektivität des Arbeitsrechts für die Stärkung der Leistungskraft der Volkswirtschaft zu erhöhen, die sozialistischen Gemeinschaftsbeziehungen weiter zu festigen, die Persönlichkeit der Werktätigen in den Arbeitskollektiven zu entwickeln und die Einheit von Rechten und Pflichten im Verhalten der Werktätigen zu wahren. Mit ihrer Hilfe sind vor allem verallgemeinerungsfähige Fakten der Arbeitsrechtsverwirklichung, der effektiven Gestaltung des Mechanismus des Wirkens des Arbeitsrechts und die Wirksamkeit des Arbeitsrechts fördernde Bedingungen zu ermitteln. Arbeitsrechtsanalysen sind so durchzuführen, daß aus den gewonnenen Fakten

- theoretische Aussagen über die Erhöhung der Wirksamkeit des Arbeitsrechts bei der Steigerung der Effektivität der Arbeit im Prozeß der umfassenden Intensivierung in untrennbarer Einheit mit der Gewährleistung sozialer Sicherheit und Geborgenheit und der Entfaltung der schöpferischen Kräfte, Initiativen und Aktivitäten der Werktätigen gewonnen werden können;
- Schlußfolgerungen für die Erhöhung der Wirksamkeit des Arbeitsrechts in der Leitungstätigkeit der staats- und wirtschaftsleitenden Organe, der Kombinats- und Betriebsdirektoren und ihrer leitenden Mitarbeiter, wie auch in der Arbeit der Gewerkschaftsorgane und im Arbeitsverhalten der Werktätigen, im Sinne der Verbindung der Vorzüge des Sozialismus mit den Errungenschaften der wissenschaftlich-technischen Revolution gezogen werden können.[4]

Die Sicherung und Erhöhung der gesellschaftlichen Wirksamkeit des sozialistischen Rechts und die damit verbundene Analyse seiner Verwirklichung sind immer untrennbarer Bestandteil der staatlichen Machtausübung mit Hilfe des Rechts. Es sollte schon deshalb eine Theorie der Effektivität des Rechts so angelegt werden, daß sie nicht nur für Rechtswissenschaftler verständlich und praktisch handhabbar ist. Sie muß von jedem genutzt werden können, der für die Rechtsverwirklichung, die das Kernstück der Wirksamkeit des Rechts bildet, staatliche Verantwortung trägt. Eine praktisch verwertbare Theorie der Effektivität des sozialistischen Rechts muß also in sich die Möglichkeit bieten, daß die theoretisch bestimmte Wirksamkeit des Rechts in der gesellschaftlichen Praxis auch durch die für die Rechtsverwirklichung Verantwortlichen analysiert und festgestellt werden kann. Sie muß darüberhinaus allen am Rechtsverwirklichungsprozeß Beteiligten die Richtung der Erhöhung der Wirksamkeit des Rechts sowie deren Bedingungen vorzeichnen. Schließlich folgt schon aus der Einheit von Theorie und Methoden, daß mit der Theorie der Wirksamkeit des Rechts gleichzeitig das methodische Instrumentarium zu ihrer Feststellung (Erkenntnismethoden), aber auch zur Aufbereitung und Umsetzung der gewonnenen Erkenntnisse über die Wirksamkeit des Rechts für die Staats- und Rechtspraxis (Überleitungsmethoden) bereitgestellt werden.

Mit der allgemeinen, von der Staats- und Rechtstheorie erarbeiteten Theorie der Wirksamkeit des sozialistischen Rechts, sind die Ausgangspunkte des methodischen

Vorgehens bei der Analyse der Wirksamkeit des Rechts gesetzt. So konnte auch die arbeitsrechtswissenschaftliche Forschung davon ausgehen, daß die Wirksamkeit des Arbeitsrecht eine Ziel-Ergebnis-Relation des Wirkens des Arbeitsrechts in den Arbeitsverhältnissen ist. Diese Relation ist durch die tragenden Elemente – Ziele des Arbeitsrechts bzw. der Arbeitsrechtsnormen, Wirken der Arbeitsrechtsnormen im Wirkungsmechanismus des Arbeitsrechts, Wirkungsbedingungen des Arbeitsrechts, (einschließlich des Wirkens hemmender Faktoren) und schließlich Wirkungen des Arbeitsrechts – in ihrer vielseitigen Wechselwirkung gekennzeichnet.

Die Aufdeckung der Struktur der Wirksamkeit des Rechts und ihrer wesentlichen Elemente durch die Staats- und Rechtstheorie ist auch für die arbeitsrechtswissenschaftliche Forschung auf dem Gebiet der Wirksamkeit des Arbeitsrechts eine grundlegende Vorleistung. Sie bietet insbesondere spezifische Möglichkeiten der Analyse vor allem durch gezielte Untersuchung der einzelnen Strukturelemente der Wirksamkeit des Arbeitsrechts. Diese Wirksamkeit ist aber historisch-konkret und als Prozeß des Ausbaus des Arbeitsrechts, in Wechselwirkung mit der Entwicklung der staatlich geleiteten und organisierten Arbeitsverhältnisse der Arbeiter und Angestellten zu untersuchen. Damit verbunden ist auch weiterhin die Klärung von Gesetzmäßigkeiten der Wirksamkeit des Rechts. Das wirft, sicherlich nicht nur für die Arbeitsrechtswissenschaft, noch nicht beantwortete Fragen auf.

Aus den rechtstheoretischen Erkenntnissen zur Wirksamkeit des sozialistischen Rechts ergeben sich aber auch Probleme hinsichtlich der konkret-soziologischen Analyse der Wirksamkeit des Rechts. Sie erwachsen vor allem daraus, daß der Begriffsinhalt „Wirksamkeit des Rechts“ eine sehr komplexe und komplizierte gesellschaftliche Erscheinung widerspiegelt. Wenn die Wirksamkeit des Rechts letztlich als eine Ziel-Ergebnis-Relation gesehen wird, die vor allem durch das Wirken des Rechts als ein sozialer Prozeß bestimmt ist, müßte ihre Analyse die Komplexität der Wirkungszusammenhänge und vielfältigen Wirkungsbedingungen des Rechts erfassen. Eine solche umfassende Analyse ist aber nur sehr schwer möglich. Sie ist nicht nur durch empirische Forschung zu realisieren, und übersteigt in vieler Hinsicht die den dazu gesetzlich verpflichteten Kombinaten, Betrieben und Leitern zu Gebote stehenden Möglichkeiten. Deshalb ist das wissenschaftlich fundierte und praxisrelevante Herausfinden entscheidender Kettenglieder eines effektiven Wirkungsprozesses und damit der notwendigen Bedingungen für eine hohe Wirksamkeit des Rechts durch die Rechtswissenschaftszweigdisziplinen von hohem theoretischen und praktischen Gewicht. Das gilt bezogen auf das Arbeitsrecht z. B. für theoretisch begründete und in der Praxis umsetzbare Aussagen über die Rolle der Einstellung der Leiter zum Arbeitsrecht und seine Anwendung, über die Bedeutung der klaren Erkenntnis der Ziel- und Aufgabenstellung des Arbeitsrechts und seiner einzelnen Institutionen sowie seiner Spezifik als Leitungs- und Mitwirkungsinstrument bei der Lösung der ökonomischen und sozialen Aufgaben, über die verantwortungsbewußte Rechtsausübung, die Sicherung der Einheit von Rechten und Pflichten im Arbeitsrechtsverwirklichungsprozeß und zur Wahrung der Gesetzlichkeit.

Von den Erkenntnissen der Staats- und Rechtstheorie zur Wirksamkeit des Rechts ausgehend gilt es die rechtszweigspezifischen Aussagen zur Wirksamkeit des Rechts zu treffen und zu vervollkommnen sowie handhabbare Methoden der Feststellung der Wirksamkeit des Rechts auszuarbeiten. Aus der Spezifik des Arbeitsrechts im einheitlichen sozialistischen Rechtssystem und aus den bisherigen Untersuchungen zur Wirksamkeit des Arbeitsrechts ergeben sich eine Reihe von Schlußfolgerungen für die Theorie der Effektivität des Arbeitsrechts, von denen im folgenden einige zur Diskussion gestellt werden sollen. Gemäß den §§ 8 ff. des Arbeitsgesetzbuches ist es für das sozialistische Arbeitsrecht charakteristisch, daß es unter Mitwirkung der Gewerkschaften geschaffen, kontrolliert und durchgesetzt wird. Die Gewerkschaften mobilisieren ihrerseits als umfassendste Klassenorganisation der Arbeiterklasse die Werktätigen in den Betriebs- und Arbeitskollektiven für die aktive Verwirklichung des Arbeitsrechts. Dies betrifft insbesondere die Mitbestimmung und Mitwirkung hinsichtlich der Leitung der Arbeitsverhältnisse und der Verwirklichung des Arbeitsrechts im Betrieb, aber auch in den Kombinaten, Zweigen und auf zentraler Ebene. Ausdruck dessen ist auch die von den Gewerkschaften im Rahmen des sozialistischen Wettbewerbs organisierte Massenbewegung für vorbildliche Ordnung, Disziplin und Sicherheit, die wesentlich die Einheit von Planerfüllung und Gesetzlichkeit verbürgt.[5]

Die Wirksamkeit des Arbeitsrechts hängt deshalb in einem großen Maße davon ab, wie die in unserem Recht verankerten Rechte der Betriebsgewerkschaftsorganisation und ihrer Organe wahrgenommen werden, und zwar in Verwirklichung der Satzung des FDGB und der gewerkschaftlichen Beschlüsse. Bei der Analyse der Wirksamkeit des Arbeitsrechts sind somit auch diese Normen und Beschlüsse zu beachten. Sie hat sich deshalb auch auf das Zusammenwirken von Rechtsnormen und Normen der umfassendsten gesellschaftlichen Massenorganisation der Arbeiter und Angestellten zu erstrecken. Das Arbeitsrecht verpflichtet die Betriebe und Werktätigen in der Präambel des Arbeitsgesetzbuches, ihre wechselseitigen Beziehungen in Wahrnehmung ihrer gesellschaftlichen Verantwortung entsprechend den Aufgaben des Arbeitsrechts und dem Inhalt des Arbeitsgesetzbuches zu gestalten. Eine Theorie der Wirksamkeit des Arbeitsrechts muß deshalb diese Hauptadressaten besser in den Stand setzen, selbst zu prüfen, inwieweit sie dies in ihrem aktiven täglichen Arbeitsverhalten bereits tun. Gleiches gilt für die Gewerkschaftsorganisation in bezug auf die aktive Wahrhnehmung ihrer umfassenden Rechte. Dies ist von besonderer aktueller Bedeutung, da in unserer Republik die weitere Entwicklung der Demokratie in den Betrieben bis hin zum Arbeitskollektiv vor allem über den Ausbau der Rechte und der Verantwortung der Gewerkschaft verläuft.[6]

Hinsichtlich des Arbeitsrechts muß entscheidendes Kriterium der Wirksamkeit der jeweiligen Regelung bzw. des Arbeitsrechtsinstituts das Erreichen des damit vom Gesetzgeber angestrebten sozialen Zieles bzw. des darauf gerichteten vorgegebenen Verhaltens der Adressaten gemäß der in der betreffenden Norm bzw. Institution verkörperten grundlegenden und durch ihr Handeln konkret herzustellenden Übereinstimmung von gesellschaftlichen, kollektiven und persönlichen Interessen sein. Sowohl bei der Definition des angestrebten Ziels als auch der Analyse, ob bzw. inwieweit es erreicht wird, müssen stets die Interessen sämtlicher Beteiligter der Dreiheit Werktätiger, Betrieb und Gewerkschaftsorganisation und das Niveau der Übereinstimmung ihrer Interessen im Auge behalten werden. Dies ist nötig, um die Wirkung der Arbeitsrechtsnorm auf ein aktives Arbeits- und Leistungsverhalten, die aus der Interessenübereinstimmung erwächst und zu erschließen ist, einschätzen zu können.

Bei jeder konkreten Wirksamkeitsanalyse auf dem Gebiete des Arbeitsrechts ist das Verhalten bzw. sind die Ansichten dieser drei Adressatengruppen in Rechnung zu stellen. Das ist deshalb auch nötig, weil das Arbeitsrecht auf die gesellschaftlichen Arbeitsverhältnisse der Arbeiter und Angestellten wirkt und die genannten Adressaten anspricht. Hierfür Kriterien und Hilfsmittel, schließlich eine den modernen Anforderungen der Wirksamkeitsoptimierung des Rechts entsprechende Theorie zu erarbeiten, ist eine wichtige Aufgabe auch der Arbeitsrechtswissenschaft.[7]

Das Wechselverhältnis von Arbeitsrecht und Arbeitsverhältnissen ist auch insoweit entscheidendes Untersuchungsfeld der Wirksamkeit des Arbeitsrechts und seiner einzelnen Institutionen, als es die notwendige Verbindung der Vorzüge des Sozialismus mit den Errungenschaften der wissenschaftlich-technischen Revolution anbelangt. Diese Verbindung erfolgt durch die weitere Ausprägung des sozialistischen Charakters der Arbeit, d. h. der wissenschaftlich-technische Fortschritt ist bewußt und vorausschauend so in die Arbeitsorganisation der Kombinate, Betriebe und Einrichtungen einzufügen, daß gleichzeitig mit der Erneuerung der Technologie und dem Erzielen des ökonomischen Nutzens die sozialistischen Wesenszüge der Arbeitsverhältnisse und ihrer Leitung gestärkt werden. Andererseits ist die Wirksamkeit des Arbeitsrechts daran zu erkennen, wie es dazu beiträgt, in den sozialistischen Arbeitsverhältnissen, vor allem den volkseigenen Betrieben und Kombinaten, Schöpfertum, Disziplin, kameradschaftliches Zusammenwirken und massenweises Leistungsverhalten zu entwickeln und insoweit die Errungenschaften der wissenschaftlich-technischen Revolution im Sinne der umfassenden Intensivierung zu erschließen.

Bei jeder Wirksamkeitsanalyse ist schließlich zu beachten, daß das Arbeitsrecht zwar ein wichtiges, aber doch auch spezifisches und mit anderen Faktoren der Leitung zur Erreichung des gesellschaftlichen, des sozialen Zieles zusammenwirkendes[8] Instrument ist. Eine brauchbare Aussage über die Wirksamkeit einer bestimmten arbeitsrechtlichen Institution auf das Verhalten der Adressaten wird deshalb in den meisten Fällen außer der Einschätzung des Wechselverhältnisses von Arbeitsverhältnissen und Arbeitsrecht auch die Wirkung anderer, die Erreichung des sozialen Zieles fördernder, unter Umständen auch hemmender Faktoren einbeziehen müssen. Es müssen aber auch hier aus der Fülle der Bedingungen die für eine hohe Wirksamkeit des Rechts entscheidenden ermittelt und dementsprechend gesichert werden. Durch ihren normativen Charakter bedingt, wirken die einzelnen Arbeitsrechtsinstitutionen gegenüber den anderen Faktoren je nach der geregelten Frage und dem zu erreichenden Ziele unterschiedlich. Dies gilt noch mehr, wenn man nicht nur einzelne direkte Ziele betrachtet, sondern das Wirken der Institutionen mit Grundzielen der Regelung in Beziehung setzt. So ist sicherlich das Arbeitsrecht unverzichtbar, wenn man die vielen in der Volkswirtschaft auszuübenden Arbeitsaufgaben qualitativ und quantitativ analysiert eingruppiert und ihnen eine Lohn- und Gehaltsgruppe mit einem bestimmten Lohn- oder Gehaltssatz verbindlich zuordnet. Ob und wie wirksam dies im Gesamtmaßstab der Gesellschaft das Leistungsprinzip verwirklicht wird, hängt von anderen Faktoren wesentlich ab, die von den Relationen zwischen den Tariftabellen und -sätzen, über das Wirken von Steuern, Mieten und Preisen bis hin zum Angebot von Waren und Dienstleistungen reichen, an dem der Werktätige kraft seines Arbeitseinkommens Anteil haben kann.

Dieses Beispiel läßt auch die Bedeutung der Moralnormen für die Erreichung der den Arbeitsrechtsinstitutionen gesetzten sozialen Zielen deutlich werden. Massenweise Leistungsverhalten unter aktiver Verwirklichung des Arbeitsrechts durch Leiter, Werktätige und Kollektive wird in der sozialistischen Gesellschaft dort erreicht, wo die Verhaltensanforderungen des Rechts als gerecht und moralisch geboten anerkannt werden.

Sozialistische Arbeitsverhältnisse und die stete Festigung ihres sozialistischen Wesens sind notwendig, um die hohen im Fünfjahrplan gesteckten Ziele der Betriebe zu erreichen, die aus der ökonomischen Strategie der 80er Jahre erwachsen. Aus ihnen kommen die Triebkräfte, deren Erschließung mit Hilfe auch des Arbeitsrechts die hohen Anforderungen des Fünfjahrplanes erfüllen und sogar überbieten helfen. Strikte Verwirklichung des Arbeitsrechts und Planerfüllung bei der Erneuerung der Produktion, der Senkung des spezifischen Material- und Energieverbrauchs, der besseren Auslastung der Grundfonds, der Erhöhung der Kontinuität und Flexibilität der Produktion sowie der Qualität der Erzeugnisse bilden eine Einheit. Sie spiegelt sich auch in dem von den Gewerkschaften organisierten Wettbewerb wider. In ihnen geht es zugleich um hohe Planerfüllung und Gesetzlichkeit.

Analysen der Wirksamkeit des Arbeitsrechts müssen deshalb auch den erreichten Grad dieser Einheit erhellen. Sie müssen vorhandene Widersprüche aufdecken, so daß rechtzeitig Wege zu ihrer besseren Beherrschung und Lösung gefunden werden können. Es ist entsprechend der Hauptaufgabe ein Hauptziel der Analyse, die Wirkung des Arbeitsrechts auf die sozialistische Festigung der Arbeitsverhältnisse mit dem Ziel der Förderung der umfassenden Intensivierung optimieren zu helfen. Analysen des Anwendungsprozesses des Arbeitsrechts haben auch die wert- und gebrauchswertmäßigen Ergebnisse der betrieblichen Arbeit in Rechnung zu stellen. Ebenso wäre es zu wünschen, daß die Ministerien, Kombinate und Betriebe noch stärker bei der regelmäßigen Rechenschaftslegung über die Planerfüllung ausdrücklich über den Stand der Nutzung des Arbeitsrechts, über das Niveau der Gesetzlichkeit mit berichten würden, um auch kontinuierlich Schlußfolgerungen für die Erhöhung seiner Wirksamkeit zu ziehen.

Die im vergangenen Fünfjahrplanzeitraum durchgeführten Untersuchungen zur Wirksamkeit des Arbeitsrechts galten wesentlich der Erhöhung der Wirksamkeit des geltenden Arbeitsgesetzbuches und der darauf beruhenden Normativakte. Sie unterschieden sich dadurch von großen gemeinsamen Wirksamkeitsanalysen von Praxis und Wissenschaft, die vornehmlich neue Rechtsakte vorbereiten halfen.[9] Der Grund dafür liegt in der auf dem XI. Parteitag der SED gewürdigten Tatsache, daß wir in der DDR jetzt über ein umfassendes Gesetzeswerk verfügen, „das allen Bürgern die gleichen Rechte und Freiheiten garantiert, die Würde des Menschen schützt und sein Handeln im Sinne des sozialen Fortschritts fördert".[10] Zu diesem Gesetzeswerk gehört als wesentlicher Bestandteil das Arbeitsgesetzbuch von 1977. Auf dem X. Parteitag der SED als Magna Charta der Arbeit gewürdigt, hat es das Recht auf Arbeit als fundamentales Menschenrecht weiter ausgestaltet und die Rechte der Gewerkschaften erweitert.[11] Man kann heute einschätzen, wozu übrigens auch die durchgeführten Praxisuntersuchungen der Arbeitsrechtswissenschaft berechtigen, daß dank der auf die umfassende Mitwirkung der Arbeiterklasse und anderen Werktätigen gestützten gründlichen, von der Partei der Arbeiterklasse geführten und wissenschaftlich fundierten Vorbereitung des Arbeitsgesetzbuches, seiner zutiefst demokratischen Ausarbeitung, Annahme und Inkraftsetzung, das Gesetzbuch die sich damals vielfach erst in den Konturen abzeichnenden Erfordernisse der Verbindung der Vorzüge des Sozialismus mit den Errungenschaften der wissenschaftlich-technischen Revolution in seinen Institutionen berücksichtigt hat, so daß es nunmehr auch unter den Bedingungen der modernen Schlüsseltechnologien langfristig aktiv wirken kann. Mit Hilfe der Analysen ist jetzt der Grad dieser aktiven Wirkung hinsichtlich der jeweils zu erreichenden sozialen Ziele und Anwendung der dazu beitragenden Arbeitsrechtsinstitutionen zu ermitteln und zu deren noch besserer Nutzung beizutragen. Natürlich werden damit auch prognostische Vorstellungen über eine zukünftig einmal zu erwartende Weiterentwicklung des Arbeitsrechts de lege ferenda verbunden sein. Sie stehen aber – jedenfalls für das Arbeitsgesetzbuch – zur Zeit nicht im Vordergrund. Vielmehr geht es um die höhere Wirksamkeit seiner Vorschriften in der Praxis. Dies fordert allerdings auch Schlüsse für die Vervollkommnung des der Durchsetzung des Arbeitsgesetzbuches dienenden Mechanismus arbeitsrechtlicher Normativakte, so der Rahmen- und Betriebskollektivverträge, Arbeitsordnungen usw.

Dieser Zielstellung entsprechend hat der Lehrstuhl Arbeitsrecht der Akademie für Staats- und Rechtswissenschaft der DDR die Wirksamkeit des Arbeitsrechts bei der Festigung der Verantwortung der Werktätigen im Arbeitsprozeß analysiert. Die theoretische und methodologische Grundlage dafür wurden gestützt auf die genannten Ergebnisse der Staats- und Rechtstheorie bestimmt. Zur Analyse der Wirksamkeit des Arbeitsrechts bei der Festigung der Verantwortung der Werktätigen wurden unterschiedliche Methoden angewandt. Insbesondere wurden soziologische Befragungen von Betriebsleitern und leitenden Mitarbeitern, betrieblichen gewerkschaftlichen Leitungen und auch von Vorsitzenden der Konfliktkommissionen durchgeführt. Mit Hilfe des Amtes für Arbeit und Löhne beim Rat des Bezirkes Potsdam und des Bezirksvorstandes des FDGB Potsdam wurde hierfür ein Fragebogen entwickelt. Er diente sowohl dazu, bestimmte Fakten zu ermitteln als auch Meinungen zur Nutzung des Arbeitsrechts insgesamt, wie wichtiger arbeitsrechtlicher Vorschriften im einzelnen, festzustellen. Aktiv unterstützt von den genannten Praxisorganen konnten in 38 Betrieben des Bezirkes Potsdam solche Befragungen jeweils in für die Gesamtheit der Arbeitsrechtsverhältnisse typischen Betrieben oder ihren Struktureinheiten vorgenommen werden. Die untersuchten Bereiche umfaßten 29 795 Werktätige (ohne Lehrlinge). Die Aussagen in Antworten auf einen abstrakten Fragespiegel sind relativ begrenzt. Deshalb wurde ihre Auswertung ergänzt durch Analysen von betrieblichen arbeitsrechtlichen Normativakten, von arbeitsrechtlich bedeutsamen Leiterentscheidungen, von gewerkschaftlichen Dokumenten und Beschlüssen sowie der Tätigkeit der Konfliktkommissionen und der staatlichen Gerichte, von Eingaben zur Anwendung des Arbeitsrechts und nicht zuletzt von bei staatlichen und gewerkschaftlichen Organen vorliegenden soziologischen Materialien.

Die durch die eigenen Befragungen ermittelten Fakten und Meinungen bestätigten die Brauchbarkeit des gewählten Instrumentariums. Insbesondere ermöglichten die verschiedenen Antworten, miteinander verglichen, auch gleichzeitig eine Verifizierung der Einzelaussagen. Es war dabei interessant, Aussagen von Betriebsleitern einerseits und Gewerkschaftsleitungen andererseits zur gleichen Problematik zu werten. Vielfach betrachteten die Befragten ihre eigene Arbeit kritischer als dies der andere Partner tat. Die eingegangenen Resultate machten sichtbar, wo das wissenschaftliche Grundlagenmaterial für den Fragebogen selbst noch auszubauen war. Somit ergaben sich wichtige Impulse für die weitere theoretische Forschungsarbeit. Das betraf z. B. das noch näher zu bestimmende Verhältnis zwischen betrieblicher Gestaltung der Arbeitsaufgabe gemäß § 73 Arbeitsgesetzbuch zu deren Vereinbarung im Arbeitsvertrag gemäß § 40 Arbeitsgesetzbuch. Dieses Verhältnis ist gerade angesichts zunehmender Dynamik von Technologie und Arbeitsorganisation von großer Bedeutung für die Wechselwirkung von Dynamik und Stabilität der Arbeitsverträge.

Mit zunehmender Zuwendung der Arbeitsrechtswissenschaft zur Analyse der Wirksamkeit des Arbeitsrechts wurde auch deren methodische Arbeit weiter verbessert. Die marxistische Dialektik war und ist grundlegender Ausgangspunkt, Mittel und Regel der analytischen Arbeit.[12] Verstärkt wurden auch die Kategorien und Gesetzeserkenntnisse der marxistisch-leninistischen Staats- und Rechtstheorie in der arbeitsrechtswissenschaftlichen Forschung angewandt. Dabei ist es z. B. methodisch gelungen, solche rechtstheoretischen Probleme wie Gesetzlichkeit, Individualisierung und Differenzierung, Verantwortung und Verantwortlichkeit sowie das Verhältnis von Rechten und Pflichten, Zwang und Überzeugung ins Arbeitsrechtliche zu übersetzen.[13] Allgemeinwissenschaftliche Methoden, wie z. B. die Regeln der Stellung, Analyse und der Lösung eines Problems als Wege der Gewinnung von Erkenntnissen, sind Bestandteil des arbeitsrechtswissenschaftlichen Forschungsprozesses zur Wirksamkeit des Arbeitsrechts. Die Entwicklung des Arbeitsrechts wurde vor allem mit soziologischen Mitteln, mit der historischen Analyse, der rechtsvergleichenden Methode[14] und der Literaturanalyse erforscht.

Die von der Arbeitsrechtswissenschaft zu lösenden Aufgaben in den Jahren 1986 bis 1990 erfordern jedoch auch die wissenschaftsmethodischen Instrumente zu vervollkommnen. Das betrifft insbesondere umfassende soziologisch exakt gehandhabte Befragungen. Unabdingbar sind aber auch Analysen der Schaffung und Verwirklichung betrieblicher Regelungen; der Rechtsarbeit im Betrieb; der Leitungsdokumente, die Rückschlüsse auf den Prozeß der Verwirklichung des Arbeitsrechts bei Einzelleiterentscheidungen zulassen, usw. Die Analyse muß sich auch konsequenter dem Wirken gewerkschaftlicher Dokumente und Beschlüsse und den Ergebnissen der Arbeitsrechtssprechung zuwenden. Schließlich sind Leserzuschriften an die Fachzeitschriften auf dem Gebiet des Arbeitsrechts und Eingaben an die Staats- und Gewerkschaftsorgane verstärkt zu analysieren. Die vorliegenden soziologischen Ergebnisse anderer Wissenschaftsdisziplinen sind systematischer zu verwerten. Damit ist ein höheres Niveau der Analyse der Wirksamkeit des Arbeitsrechts zu erreichen. Sowohl die Methoden der Erhebung der Daten, die des Erforschung der Wirksamkeit des Arbeitsrechts dienen, als auch die Methoden ihrer Auswertung (z. B. die statistische Methode) müssen verbessert werden. Um auch zu einer komplexeren empirischen Analyse zur Wirksamkeit des Arbeitsrechts zu gelangen, ist z. B. die Anwendung von Fallstudien zu prüfen. Schließlich gilt es, auch die Methode des Vergleiches auf die Arbeitsrechtsverwirklichung und nicht nur auf die Arbeitsrechtsnormen und -theorie zu prüfen (z. B. Vergleich der Rechtsarbeit in unterschiedlichen Betrieben mit dem Ziel des Studiums und der Verallgemeinerung der Erfahrungen der Besten). Insgesamt ist die Synthese der quantitativen und qualitativen Analyse der Wirksamkeit des Arbeitsrechts zu erreichen, denn auch für die Erkenntnisgewinnung in der Arbeitsrechtswissenschaft gilt, daß selbst die repräsentativste Befragung noch nicht zu vollständigen Erkenntnissen über Ursachen, Bedingungen, Widersprüche in der Wirksamkeit des Rechts führen.

Im Ergebnis der Untersuchungen konnte festgestellt werden, daß das Arbeitsrecht mit seinen Vorschriften, die auf die Festigung der Verantwortung der Werktätigen im Betriebskollektiv zielen, effektiv zur erfolgreichen weiteren Lösung der Hauptaufgabe in Einheit von Wirtschafts- und Sozialpolitik angewandt wird. Insbesondere läßt sich eine hohe Wirksamkeit des Arbeitsgesetzbuches selbst erkennen. Die dem Arbeitsrecht innewohnenden Möglichkeiten für die Festigung der Verantwortung der Werktätigen sind andererseits noch nicht voll ausgeschöpft. Sie müssen vor allem dadurch stärker entfaltet werden, daß die Nachfolgenormativakte stets entsprechend dem raschen Fortschritt in den Zweigen und Betrieben vervollkommnet und die planmäßige Rechtsarbeit zu ihrer Durchsetzung verstärkt wird. Dies ist auch notwendig, um das Leistungsprinzip voll durchzusetzen sowohl hinsichtlich der exakten Bestimmung des Maßes der Arbeit als auch der Entlohnung nach Qualität und Quantität der Arbeit. Vor allem müssen über eine noch konsequentere Rechtsverwirklichung im Betrieb die Potenzen des Arbeitsrechts noch vollständiger genutzt werden. Hierbei steht die klare Bestimmung der arbeitsrechtlichen Verantwortung der Werktätigen, die Sicherung der für ihre akive Wahrnehmung nötigen Voraussetzung und die strikte Durchsetzung verantwortungsbewußter Arbeit im Vordergrund.[15] Insgesamt kann zusammenfassend der Schluß gezogen werden, daß Erfolge beim Ausbau der Theorie der Analyse der Rechtsverwirklichung in der Theorie der einzelnen Zweigdisziplinen eng miteinander verbunden sind und sich ihrerseits wechselseitig fördern.

# Anmerkungen

1 Vgl. K. A. Mollnau, Stand und Aufgaben der Ausarbeitung der Theorie der Effektivität des sozialistischen Rechts und der Methodik ihrer Analyse – Thesen –, Seite 9 bis 12 dieser Abhandlung.

2 Vgl. Autorenkollektiv unter Leitung von K. A. Mollnau, Objektive Gesetze, Recht, Handeln, Berlin 1979, und Autorenkollektiv, Effektivität und Rechtsnormen, Berlin 1982.

3 Vgl. Artikel 86 ff. der Verfassung der DDR vom 6. 4. 1968 i. d. F. des Gesetzes zur Ergänzung und Änderung der Verfassung der DDR vom 7. 10. 1974 (GBl. I 1974 Nr. 47 S. 432); Gesetz über den Ministerrat der DDR vom 16. 10. 1972 (GBl. I 1972 Nr. 16 S. 253); Gesetz über die örtlichen Volksvertretungen vom 4. 7. 1985 (GBl. I 1985 Nr. 18 S. 213); Arbeitsgesetzbuch der DDR vom 16. 6. 1977 (GBl. I 1977 Nr. 18 S. 185); Statut des Staatssekretariats für Arbeit und Löhne vom 13. 6. 1973 (GBl. I 1973 Nr. 35 S. 369).

4 Vgl. G. Leifert, Zur Anwendung von Wissenschaftsmethoden in der Arbeitsrechtswissenschaft – Ausgangspunkte, Stand, Anforderungen –, in: Autorenkollektiv unter Leitung von S. Söder, Methoden der staats- und rechtswissenschaftlichen Forschung, in: Aktuelle Beiträge der Staats- und Rechtswissenschaft, Heft 295 S. 37/38.

5 Vgl. Arbeitsrecht/Lehrbuch, 3. Auflage, Berlin 1986, S. 86 ff.

6 Vgl. Bericht des Zentralkomitees der Sozialistischen Einheitspartei Deutschlands an den XI. Parteitag der SED, Berichterstatter Erich Honecker, Berlin 1968, S. 76.

7 Vgl. zur Wirksamkeit des Arbeitsrechts bei der Festlegung der Verantwortung der Werktätigen im Betriebskollektiv, in: Autorenkollektiv des Lehrstuhls Arbeitsrecht der Akademie für Staats- und Rechtswissenschaft der DDR, Verantwortung der Werktätigen im Arbeitsprozeß/Rechtsfragen, Berlin 1985, S. 24 ff.; W. Thiel, Anforderungen an Analysen zur Wirksamkeit des Arbeitsrechts, in: Neue Justiz. 6/1986, S. 228 ff.

8 Vgl. G. Leifert, Zur Anwendung von Wissenschaftsmethoden in der Arbeitsrechtswissenschaft, a. a. O., S. 41 ff. und W. Thiel, ebenda.

9 Vgl. G. Schüßler/F. Kunz, Das neue Arbeitsgesetzbuch – wichtiges Instrument zur Gestaltung der entwickelten sozialistischen Gesellschaft, in: Staat und Recht, 3/1977, S. 229 ff.; F. Kunz, Arbeitsrechtsschöpfung und Rechtswissenschaft, in: Rechtswissenschaft und Gesetzgebung, Abhandlungen der Akademie der Wissenschaften der DDR W 2, Berlin 1983, S. 56 ff.

10 Bericht des Zentralkomitees der Sozialistischen Einheitspartei Deutschlands an den XI. Parteitag der SED, Berichterstatter: Genosse Erich Honecker, Berlin 1986, S. 74.

11 Vgl. Bericht des Zentralkomitees der Sozialistischen Einheitspartei Deutschlands an den X. Parteitag der SED, Berichterstatter: Genosse Erich Honecker, Berlin 1981, S. 115 ff.

12 Vgl. G. Leifert, Zur Anwendung der materialistischen Dialektik als Methode der Einzelwissenschaft, in: Weltanschauung und Methode, in: Aktuelle Beiträge der Staats- und Rechtswissenschaft, Heft 299, S. 54 ff.

13 Vgl. W. Behlert, Rezension zu: Sozialistisches Arbeitsrecht – Instrument der Verwirklichung der Einheit von gesellschaftlichen, kollektiven und persönlichen Interessen, in: Staat und Recht 8/1981, S. 751.

14 Vgl. F. Kunz, Arbeitsrecht, Auslandsrechtskunde und Rechtsvergleichung in der Rechtswissenschaft, Rechtsausbildung und Rechtspraxis in der DDR sowie in der ideologischen Auseinandersetzung, in: Aktuelle Beiträge der Staats- und Rechtswissenschaft, Heft 261, S. 33.

15 Vgl.: Autorenkollektiv, Verantwortung der Werktätigen im Arbeitsprozeß/Rechtsfragen, a. a. O., insb. Seite 27 ff.

Richard Hähnert

# Erfahrungen der LPG-Rechtswissenschaft bei der Untersuchung der Effektivität des LPG-Rechts

Sicherlich ist es zutreffend zu sagen, daß sich die Rechtswissenschaft der DDR seit langem mit Untersuchungen zur Effektivität des Rechts beschäftigt. Das geschieht z. B. im Zusammenhang mit Studien zur Vorbereitung neuer Rechtsvorschriften, bei Kommentierungen wichtiger Gesetze oder auch bei der Erarbeitung von Wirksamkeitsanalysen, die von verschiedenen Rechtszweigwissenschaften in den letzten Jahren erarbeitet wurden. Die Thesen von K. A. Mollnau[1] sind keineswegs so zu verstehen, daß er diese vorliegenden Untersuchungen zur Effektivität des Rechts und deren Nutzung für Theorie und Praxis in Frage stellen möchte. Er macht in seinen Thesen – und in dem diese Thesen wesentlich präzisierenden Referat – aber darauf aufmerksam, daß es erforderlich und an der Zeit ist, eine Theorie der Effektivität des Rechts zu erarbeiten, die alle in der Vergangenheit in den Rechtszweigen erzielten Ergebnisse und gesammelten Erfahrungen in sich aufnimmt und verallgemeinernd weiterführt. In dieser Absicht ist ihm uneingeschränkt beizupflichten.

Der Verfasser der Thesen beschäftigt sich mit der Effektivität des Rechts aus komplexer, rechtstheoretischer Sicht. Das kann auch nicht anders sein. Insbesondere möchte ich seiner Auffassung zustimmen, daß Forschungen zur Effektivität des Rechts geeignet sind, die Rechtswissenschaft als angewandte Wissenschaft zu profilieren. Wenn die Thesen einer Ergänzung bedürfen, dann aus der Sicht einzelner Rechtszweige bzw. Rechtszweigwissenschaften. In diesem Beitrag soll versucht werden, aus den Erfahrungen der LPG-Rechtswissenschaft bei der Untersuchung der Effektivität des LPG-Rechts einige Gedanken zur Thematik beizusteuern.

Die im Zentralen Plan der gesellschaftswissenschaftlichen Forschung 1981–1985 enthaltene Studie zur Rolle des Rechts bei der Gestaltung der Kooperationsbeziehungen in der Landwirtschaft war u. a. darauf gerichtet, Aussagen zur Effektivität des LPG-Rechts, speziell bezogen auf kooperations- und eigentumsrechtliche Regelungen, zu erhalten. Da eine allgemeine theoretische Grundlage für Effektivitätsuntersuchungen, wie bereits bemerkt, noch nicht vorlag, waren die Verfasser der Studie vor die Aufgabe gestellt, sich aus ihrer Sicht über die einzuschlagenden Wege zu verständigen. Die von K. A. Mollnau vorgelegten Thesen regen dazu an, rückblickend auf das, was im Zusammenhang mit der Erarbeitung der Studie zur Untersuchung der Effektivität LPG-rechtlicher Vorschriften tatsächlich getan wurde, den Versuch einer Systematisierung zu machen.

Es lassen sich zumindest zwei Arbeitsrichtungen zur Feststellung der Effektivität bzw. der Wirksamkeit des Rechts unterscheiden: Erstens geht es darum festzustellen, ob bestimmte Rechtsnormen so gefaßt sind, daß sie den praktischen Regelungsbedürfnissen entsprechen; es geht gewissermaßen darum, herauszuarbeiten, ob ein bestimmter Regelungs- und Normenkomplex auf die zu regelnden gesellschaftlichen Sachverhalte paßt. K. A. Mollnau verwendet hierfür den Begriff „Regelungsgüte". Diese Arbeits- und Denkrichtung zur Aufhellung der Effektivität des Rechts kann man nach den Erfahrungen in mehrere Kategorien unterteilen:

- Es ist zu erkunden, ob eine bestehende rechtliche Regelung grundsätzlich den in der Praxis bestehenden Regelungsbedürfnissen entspricht;
- es ist notwendig, Aussagen darüber zu erarbeiten, ob bestehende Regelungen sich verändernden Regelungsbedürfnissen anzupassen sind, also ob rechtliche Regelungen zu präzisieren, inhaltlich zu ändern oder möglicherweise aufzuheben und durch neue Rechtsvorschriften zu ersetzen sind;
- nicht unterschätzt werden dürfen die Untersuchungen dahingehend, ob die geltenden Rechtsnormen in sich richtig aufgebaut sind, ob sie z. B. von zutreffenden Prämissen ausgehen (etwa richtigen gesellschaftspolitischen Konzeptionen), ob sie auch in juristisch-formeller Hinsicht den gesellschaftlichen Erfordernissen und den Bedürfnissen der Rechtsanwender entsprechen, ob sie begrifflich klar und logisch erfaßbar sind, ob sie begrifflich nahtlos mit gegenstandsbezogenen rechtlichen Regelungen anderer Rechtszweige verflochten sind usw.

Zusammengefaßt kann man sagen: Es geht bei dieser ersten Arbeitsrichtung zur Feststellung der Effektivität des Rechts darum, festzustellen, inwieweit das geltende Recht objektiv geeignet ist, die rechtlich zu regelnden Sachverhalte adäquat zu erfassen.

Hiervon kann man eine zweite Arbeitsrichtung unterscheiden: Sie bezieht sich auf die Feststellung der subjektiven Faktoren, von deren Wirken in ganz entscheidendem Maße abhängt, in welcher Qualität das Recht zur Wirksamkeit gebracht wird. Die Erforschung der subjektiven Faktoren ist deshalb notwendig, weil das Recht, so gut es objektiv auch gefaßt sein mag, nicht oder nur gemindert zur Wirkung kommen kann, wenn es nicht oder falsch angewandt wird. Auch diese zweite Arbeitsrichtung läßt sich in einzelne Kategorien unterteilen, von denen ich wenigstens zwei nennen möchte:
- Es ist zu ermitteln, welche Rechtskenntnisse bei denjenigen vorhanden sind, die das Recht zu verwirklichen haben;
- es ist zu ermitteln, welche Haltungen (politisch-ideologische, moralische) zum Recht bei denjenigen bestehen, die das Recht zu verwirklichen haben.

Ich darf sagen, daß es der LPG-Rechtswissenschaft gelungen ist, zu ersten brauchbaren Aussagen über die Effektivität des LPG-Rechts zu kommen.[2] Einige markante Beispiele hierfür seien zur Verdeutlichung genannt:

1. Bei einem Vergleich des geltenden Rechts mit den praktischen Bedürfnissen nach einer Regelung der Kooperationsbeziehungen in der Landwirtschaft stellte es sich z. B. heraus, daß die Bestimmungen des LPG-Gesetzes[3] und der Musterstatuten der LPG[4] nicht ausreichend sind, im erforderlichen Maße die Kooperationsbeziehungen im einzelnen auszuregeln. Im Ergebnis dessen ist der Vorschlag begründet worden, für jede kooperative Organisationsform in der Landwirtschaft eine spezielle Rechtsvorschrift zu schaffen bzw. aus früherer Zeit stammende spezielle Rechtsvorschriften den geänderten praktischen Regelungsbedürfnissen anzupassen bzw. neu zu fassen. Im Ergebnis dessen konnte begründet werden, daß es einer speziellen Rechtsvorschrift für die Kooperationen der LPG und VEG der Pflanzen- und der Tierproduktion (in Durchführung des § 12 LPG-Gesetz) bedarf und künftig auch die gesellschaftlichen Verhältnisse innerhalb einer Agrar-Industrie-Vereinigung einer speziellen rechtlichen Regelung bedürfen (in Durchführung des § 15 LPG-Gesetz). Gleichzeitig wurden Vorschläge unterbreitet, in welcher Weise das seit 1972 bestehende Musterstatut für die kooperativen Einrichtungen der LPG und VEG und die Kooperationsverbände der Land- und Nahrungsgüterwirtschaft[5] überarbeitet werden soll[6]; z. B. wurde der Nachweis geführt, daß das Musterstatut für die kooperativen Einrichtungen auf einer nicht mehr tragfähigen eigentumsrechtlichen Konzeption beruht. In diesem Zusammenhang sei der Hinweis erlaubt, daß bei der Abfassung neuer, den Regelungsbedürfnissen entsprechen-

der Rechtsvorschriften sich im LPG-Recht die gesellschaftliche Erprobung bewährt hat. So wurde vor Inkraftsetzung der Musterkooperationsvereinbarung während eines Jahres in zwei Bezirken der DDR durch ausgewählte Kooperationen nach einem Entwurf der Musterkooperationsvereinbarung gearbeitet. Die dabei erzielten Ergebnisse wurden analysiert, verallgemeinert und erst dann in der Musterkooperationsvereinbarung als staatlich-rechtliche Empfehlung wirksam gemacht.

2. Zur Erfassung des die Effektivität des Rechts wesentlich mitbestimmenden subjektiven Faktors ist von der LPG-Rechtswissenschaft die Methode der Befragung angewandt worden. 500 Leitungskadern in der Landwirtschaft und Nahrungsgüterwirtschaft sind Fragen (jeweils mit Unterfragen) nach ihren Rechtskenntnissen und Haltungen zum Recht vorgelegt worden. Es stellte sich dabei heraus, daß es keine signifikanten Unterschiede in den Rechtskenntnissen und Haltungen zum Recht staatlicher Leiter einerseits und genossenschaftlicher Leiter andererseits gibt. An dieser Stelle bietet sich eine Bemerkung zur Feststellung K. A. Mollnau's an, daß das Nadelöhr bei der Beurteilung der Effektivität des Rechts die Erfassung (Wertung) der Primärdaten sei. Dies kann aus der Sicht der durch die LPG-Rechtswissenschaft gesammelten Erfahrungen nur bestätigt werden. Hierfür ein Beispiel: 78 % der befragten Personen trafen die Aussage, daß sie in der Leitungstätigkeit das Recht durchsetzen, weil sie der Meinung sind, daß es ein unverzichtbares Leitungsinstrument ist und sie damit den staatlichen Willen verwirklichen. Mit dieser Aussage zur allgemeinen Haltung zum Recht stehen jedoch die Aussagen zur Haltung der Leiter zu einzelnen Regelungskomplexen teilweise in erheblichem Widerspruch, etwa im Hinblick auf die Reaktionsweise bei auftretenden Rechtsverletzungen. So wurden erhebliche Vorbehalte zur Durchsetzung der vertraglichen Verantwortlichkeit geäußert. An diesem Ergebnis zeigt sich, daß zwischen den einzelnen Aussagen zur Erfassung des subjektiven Faktors bei der Rechtsanwendung Vergleiche angestellt werden müssen. Die Erfahrungen besagen, daß die Korrelation ein wichtiges (sicher nicht das einzige) Mittel zur Primärdatenerfassung ist.

Abschließend sei noch auf folgendes hingewiesen: Untersuchungen zur Effektivität des Rechts durch die Rechtswissenschaft bedürfen einer engen Verbindung zur Praxis, sowohl zu zentralen staatlichen Organen und örtlichen staatlichen Organen als auch zu Betrieben und Genossenschaften. Aus dieser Sicht ist auch für die Rechtswissenschaft die Aufgabe gestellt, das Ihrige dafür zu tun, die Formen der Kooperation zwischen Rechtswissenschaft und Praxis auszubauen, stärker als bisher zu vertraglichen Vereinbarungen im Sinne der Forschungskooperationsverordnung[7] zu kommen. Die Verbindung zwischen Rechtswissenschaft und Praxis gewissermaßen nur auf persönlichen Verbindungen der Rechtswissenschaftler aufzubauen, wie dies bis heute vielfach der Fall ist, dürfte für die Zukunft nicht mehr ausreichen. Es geht darum, diese Verbindungen institutionell abzusichern, um einen höheren Verbindlichkeits- und Wirksamkeitsgrad zu erreichen.

## Anmerkungen

1 S. 7 bis 12 dieser Abhandlung.

2 Vgl. H.-J. Ludewig, Das sozialistische Rechtsbewußtsein der Leiter in den Betrieben der sozialistischen Landwirtschaft und Schlußfolgerungen für dessen weitere Entwicklung zur Erhöhung der Wirksamkeit des sozialistischen Rechts in der Landwirtschaft der DDR, Dissertationsschrift (B) Karl-Marx-Universität Leipzig 1985.

3 Gesetz über die landwirtschaftlichen Produktionsgenossenschaften – LPG-Gesetz – vom 2. 7. 1982 (GBl. I 1982 Nr. 25 S. 443 ff.).

4 Musterstatut der LPG Pflanzenproduktion bzw. Tierproduktion vom 28. 7. 1977 (GBl. Sdr. Nr. 937).

5 Musterstatut für kooperative Einrichtungen der LPG, VEG, GPG sowie der sozialistischen Betriebe der Nahrungsgüterwirtschaft und des Handels vom 1. 11. 1972 (GBl. II 1972 Nr. 68 S. 782).

6 Vgl. Musterkooperationsvereinbarung für die Kooperation der LPG und VEG vom 12. 6. 1985 (GBl. I 1985 Nr. 17 S. 207).

7 Verordnung über die Leitung, Planung und Finanzierung der Forschung an der Akademie der Wissenschaften der DDR und an den Universitäten und Hochschulen, insbesondere der Forschungskooperation mit den Kombinaten – Forschungsverordnung – vom 12. 12. 1985 (GBl. I 1986 Nr. 2 S. 12).

Ellenor Oehler

# Zu einigen Erfahrungen aus wirksamkeitsanalytischen Arbeiten zum Landeskulturrecht

Rechtswissenschaftliche analytische Arbeiten zur Ermittlung der Wirksamkeit des sozialistischen Rechts sind von uns bisher – mit unterschiedlichem Umfang und Ergebnis – zum Landeskulturrecht, zum Bergrecht, zum Wasserrecht und zum Bodenrecht durchgeführt worden. In allen Fällen erfolgten sie in Gemeinschaftsarbeit mit der Praxis, doch bei sehr unterschiedlicher Gewichtung. War bei der Wirksamkeitsanalyse zum Landeskulturrecht z. B. der Träger der Arbeitskreis „Landeskultur- und Bodenrecht" des Rates für staats- und rechtswissenschaftliche Forschung an der AdW der DDR, so lag bei Untersuchungen zum Bergrecht die Leitung bei der Obersten Bergbehörde der DDR. Das bestimmte nicht nur die jeweiligen Hauptzielstellungen der analytischen Arbeiten und den Anteil rechtswissenschaftlicher Forschungen innerhalb der Gemeinschaftsarbeit, sondern auch die konzeptionellen Vorbereitungen und die Zwischenschritte rechtswissenschaftlicher Verallgemeinerungen. Hierbei waren in der Vergangenheit vor allem die unterschiedlichen Anlässe der analytischen Arbeiten Ausgangspunkt der genannten Unterschiede im Anteil und Inhalt rechtswissenschaftlicher Arbeit. Solche Anlässe waren insbesondere:

- geplante (langfristig geplante) Gesetzgebungsarbeiten (z. B. zur Berggesetzgebung, Wassergesetzgebung, Bodengesetzgebung), wobei Rechtswissenschaftler in die analytischen Arbeiten der federführenden zentralen Staatsorgane einbezogen wurden, verbunden mit Aufträgen zu eigenständigen Wirksamkeitsanalysen und Rechtsvergleichen zu Teilfragen, eingeordnet in die Terminstellungen der Gesetzgebungsplanung. In der Regel waren bzw. sind (bei der Berggesetzgebung) die an den Wirksamkeitsanalysen beteiligten Rechtswissenschaftler auch Mitglieder der Gesetzgebungskommission bzw. -arbeitsgruppen in den nachfolgenden Etappen der Vorbereitung der Rechtsvorschriften, womit eine Weiterbearbeitung der analytischen Fragestellungen gewährleistet wird;
- geplante Publikationen, insbesondere Kommentare (Wasserrecht, Bodenrecht, Landeskulturrecht), aber auch Grundrisse und andere Gesamtdarstellungen, wobei unter Nutzung von Dissertationen sowie Diplomarbeiten und anderen Ergebnissen wissenschaftlich-produktiver studentischer Arbeiten und breiter Gemeinschaftsarbeit mit der Praxis (zentrale und örtliche Staatsorgane, Justizorgane, Betriebe) zu bestimmten Schwerpunkten aktuelle Wertungen der Wirksamkeit des Rechts für die Aufbereitung in den Publikationen ermittelt wurden;
- planmäßige rechtsvergleichende Arbeiten im Rahmen internationaler Wissenschaftskooperation (Landeskulturrecht, Bodenrecht) entsprechend international vereinbarten Frageprogrammen zu Teilproblemen der Wirksamkeit des Rechts.

In Auswertung dieser seit längerem, beginnend in den 60er Jahren gehandhabten Praxis, die von den genannten Anlässen abhängig war und ist und insofern nicht als kontinuierlicher unabdingbarer Bestandteil rechtswissenschaftlicher Arbeit einschließlich des Zusammenwirkens mit den zuständigen Staatsorganen anzusehen war, wurde im Arbeitskreis „Landeskultur- und Bodenrecht" Ende der 70er Jahre die Schlußfolgerung erarbeitet, auf dem Gebiet des Landeskulturrechts unter Nutzung und Weiterführung bisheriger Analyseergebnisse eine konzeptionell gründlich vorzubereitende komplexe Wirksamkeitsanalyse zu erarbeiten, deren Ergebnisse dann als Z-Plan-Studie Ende 1982 vorgelegt werden konnten. Dabei gehörte zu den Zielen, parallel und in Zwischenschritten Ergebnisse für alle angestrebten Zielstellungen, einschließlich der Publikationstätigkeit, nutzbar zu machen und zu bestimmen, in welchen Abständen für welche Zielstellungen derartige komplexe Analysen wiederholt werden müßten. Auf Erfahrungen aus diesen analytischen Arbeiten beziehen sich die weiteren Ausführungen.

Bewährt hat sich, daß in Vorbereitung der geplanten Wirksamkeitsanalyse spezielle wissenschaftliche Untersuchungen durchgeführt wurden. Mit einer Dissertation A wurden die Methodik zur Bestimmung der Schwerpunkte der Analyse und die Untersuchungsmethoden, einschließlich der Methoden zur Vorbereitung von Fragespiegeln für soziologische Untersuchungen (theoretischer Ansatz im Hinblick auf die spätere Auswertung, Frageprogramm, Wertungskriterien, Auswertungsformen und -ziele) untersucht und Teilergebnisse daraus im Arbeitskreis „Landeskultur- und Bodenrecht" beraten. Unter Nutzung der internationalen Forschungsergebnisse wurden die Auffassungen zur Wirkungsmöglichkeit des Landeskulturrechts im Verhältnis zu anderen – nichtrechtlichen – Faktoren präzisiert, was dann für die Analyse des Rechtsbewußtseins und der Rechtsarbeit im untersuchten Gebiet ein wichtiger Aspekt war. Es wurden insbesondere in zwei Arbeitskreisberatungen gemeinsam mit Rechtspraktikern im Prozeß der Vorbereitung der Konzeption für die Analyse-Studie die Kettenglieder herausgearbeitet, die die beabsichtigte komplexe Analyse bestimmen sollten. Wie wir in der Studie feststellen konnten, hatten wir – im Ergebnis dieser Vorarbeiten – solche Schwerpunkte bestimmt, mit denen im Rahmen der gegebenen Zeit- und kapazitätsmäßigen Möglichkeiten, die angestrebten Aussagen erreicht werden konnten.

Das waren zum einen als ausgewählte Elemente des rechtlichen Regelungsmechanismus und der Rechtsverwirklichung, mit denen die für das Rechtsgebiet Landeskulturrecht spezifischen Schwerpunkte der Erhöhung der Wirksamkeit des Rechts zu erfassen sind:

- die Einordnung der Umwelterfordernisse in die Gesetzgebung;
- die normativen Regelungen, Planentscheidungen und Einzelentscheidungen der örtlichen Staatsorgane;
- die Bestimmung der Rechtpflichten der Wirtschaftseinheiten, ihrer Leiter, Arbeitskollektive und Werktätigen;
- das Zusammenwirken der staatlich-rechtlichen, ökonomischen und politisch-erzieherischen Regelungsmethoden.

Zum anderen wurden für die soziologischen Untersuchungen zu diesen Komplexen zwei Problemkreise ausgewählt, die von besonderer umweltpolitischer Bedeutung sind und die infolge der komplexen Erfassung von Umweltproblemen zugleich weitgehende Verallgemeinerungen im Hinblick auf die Wirksamkeit des Rechts zuließen und zulassen, nämlich

- die staatliche Leitungsarbeit und die Verantwortung in den Wirtschaftszweigen und Wirtschaftseinheiten für die umfassende Nutzbarmachung und Verwertung der Abprodukte bzw. die schadlose Beseitigung derzeit nicht nutzbarer Abprodukte unter rohstoff-, material- und energieökonomischen Aspekten in Einheit mit den Erfordernissen des Umweltschutzes;
- die Einordnung der Umwelterfordernisse in die Vorbereitung von Investitionen.

Die Untersuchungen hierzu wurden schwerpunktmäßig auf Bezirks- und Kreisebene sowie in der chemischen Industrie geführt. Trotz dieser Beschränkung des Untersuchungsfeldes konnte verallgemeinernd festgestellt werden, welche bedeutsamen volkswirtschaftlichen Reserven mit der durchgängigen Nutzbarmachung der analysierten besten Erfahrungen der Rechtsarbeit zu erschließen sind und welche Ursachen unvollkommener Wirksamkeit des Rechts es planmäßig zu überwinden galt und gilt.

An den Untersuchungen (Dokumentenanalysen, Befragungen u. a.) in 6 Bezirken der DDR wirkten 18 Wissenschaftler und Praktiker mit. Es wurden die Ergebnisse von Dissertationsschriften, Diplom- und Belegarbeiten aus 9 Hochschulen ausgewertet. Wesentliche Grundlagen für die Verallgemeinerungen bildeten weiter die rechtsvergleichenden Arbeiten im Rahmen des RGW, die engen Arbeitsbeziehungen zur Staatspraxis, die Mitwirkung an Gesetzgebungsarbeiten und die Zusammenarbeit mit Vertretern anderer gesellschaftswissenschaftlicher sowie naturwissenschaftlicher Disziplinen, insbesondere unter Leitung des Zentrums für Umweltgestaltung des Ministeriums für Umweltschutz und Wasserwirtschaft. Die Untersuchungen erstreckten sich auf Prozesse der Rechtsbildung, Rechtsanwendung und Rechtsverwirklichung.

Die Ergebnisse wurden – außer den beteiligten Mitgliedern des Arbeitskreises „Landeskultur- und Bodenrecht" – insbesondere zentralen Staatsorganen (Rechtsabteilung des Sekretariats des Ministerrats, Ministerium der Justiz, Ministerium für Umweltschutz und Wasserwirtschaft sowie dessen Zentrum für Umweltgestaltung) und wissenschaflichen Einrichtungen (so dem Institut für Theorie des Staates und des Rechts und dem Institut für Soziologie und Sozialpolitik – Arbeitsgruppe Sozioökologie – der AdW der DDR) zur Verfügung gestellt und in verschiedenen Beratungen zu Einzelfragen ausgewertet. Ein Exemplar der Studie befindet sich bei der Abt. Information/Dokumentation des Informationszentrums Staat und Recht. Hauptrichtungen der Auswertungen waren die Gesetzgebungsplanung, die Unterstützung der Rechtsarbeit, die Publikationsplanung und die weitere rechtswissenschaftliche Arbeit. Zur Entwicklung des Landeskulturrechts wurden insbesondere die Erkenntnisse erweitert:

- zur Funktion des Landeskulturrechts als Leitungsinstrument des Staates zur Verwirklichung der sozialistischen Umweltpolitik;
- zur Konzeption des komplexen Rechtsgebiets Landeskulturrecht und zur Rolle des Landeskulturgesetzes als Rahmengesetz;
- zum Regelungsmechanismus des Landeskulturrechts, insbesondere zu den normativen Beschlüssen und zu den Einzelentscheidungen;
- zur Verantwortung der Kollektivsubjekte (Wirtschaftseinheiten) im Verhältnis zur Persönlichkeitsentwicklung der Leiter und Werktätigen (Umweltbewußtsein, Umweltverhalten) in bezug auf die Rechtsarbeit;
- zur Funktion des Landeskulturrechts in Beziehung zu den anderen Leitungsmethoden.

Damit verbunden waren Problemstellungen der Rolle des Rechts in bezug auf die weltanschaulichen Probleme sozialistischer Umweltpolitik.

Außer der verallgemeinernden Z-Plan-Studie lag im Ergebnis der Untersuchungen ein umfangreiches Basismaterial (Faktenmaterial) vor, das für weitere Auswertungen, insbesondere im Zentrum für Umweltgestaltung des Ministeriums für Umweltschutz und Wasserwirtschaft, zur Verfügung gestellt wurde.

Soweit einige Ausführungen zu methodischen Fragen der Wirksamkeitsanalyse zum Landeskulturrecht. Für künftige Analysearbeiten werden neue Erfahrungen organisierter Gemeinschaftsarbeit mit Soziologen und anderen gesellschaftswissenschaftlichen Disziplinen zu erschließen sein, da jetzt im Rahmen des Z-Plans der marxistisch-leninistischen Gesellschaftswissenschaften der DDR 1986–1990 in das interdisziplinäre Forschungsprogramm 04.03 „Ökologische Probleme bei der weiteren Entwicklung der sozialistischen Gesellschaft und in der Auseinandersetzung zwischen Sozialismus und Imperialismus um die Zukunft der Menschheit"[1], das unter der Koordinierungsverantwortung der AdW der DDR bearbeitet wird, die staats- und rechtswissenschaftliche Untersuchungen eingeordnet sind. Schon die jetzt laufenden konzeptionellen Vorarbeiten machen deutlich, daß das beabsichtigte komplexe Herangehen auch für uns neue Überlegungen zum Beitrag und zur Methodik rechtswissenschaftlicher Wirksamkeitsanalysen in Wechselbeziehung zu den Untersuchungen der anderen Disziplinen erfordern wird.

## Anmerkung

1 Zentraler Forschungsplan der marxistisch-leninistischen Gesellschaftswissenschaften der DDR 1986–1990, in: Einheit 8/1986, S. 685.

John Lekschas

# Zur Wirkungsweise und Wirksamkeit des Rechts in der sozialistischen Gesellschaft

Forschungen zu Fragen der Wirkungsweise und Wirksamkeit des Rechts dürften, wie die Aufgabenstellung des XI. Parteitages der SED für die weitere Gestaltung der entwickelten sozialistischen Gesellschaft in der DDR es ausweist, für Theorie und Praxis gleichermaßen von gewichtiger Bedeutung sein. Die Thesen, das Referat von K. A. Mollnau und die bisherige Diskussion zu diesem Thema belegen dies eindrucksvoll. Will man sich mit seinem Anliegen verständlich machen, so heißt es aber auch zunächst danach zu fragen, ob die Thematik mit dem Stichwort „Effektivität des Rechts" richtig bezeichnet ist. Es hat sich in den letzten Jahren zwar in den Sprachgebrauch der Rechtswissenschaft irgendwie eingebürgert – aber dies allein macht es nicht richtiger, denn allgemein wird unter Effektivität etwas anderes verstanden als hier zu erforschen und zu diskutieren ist. Auch nach den Thesen und dem Referat geht es zunächst nicht so sehr um Effektivitätsprobleme als vielmehr um das wesentlich breitere Thema der Wirkungsweise und Wirksamkeit des Rechts in der sozialistischen Gesellschaft. Es wäre im Interessen wissenschaftlicher Verständlichkeit, wenn sich die Rechtswissenschaft entschließen könnte, dem allgemeinen wissenschaftlichen Sprachgebrauch zu folgen, wonach dann die sogenannte Effektivität nur ein Sonderfall von Wirkungsweise und Wirksamkeit des Rechts wäre.

Fragen der Wirkungsweis und Wirksamkeit des Rechts bzw. von Rechtszweigen waren eigentlich schon immer ein Thema der Rechtswissenschaft – wenngleich es auch in der Vergangenheit nicht gesondert ausgewiesen worden ist. Der methodologische Fortschritt, daß dies nun zu einem zweigwissenschaftlich übergreifenden Thema der Staats- und Rechtstheorie geworden ist, wird durch diese Feststellung nicht angezweifelt, sondern eher unterstrichen. Sie muß jedoch getroffen werden, um deutlich zu machen, daß hier nicht beim Punkt Null begonnen werden muß. In der DDR ist seit ihrem Bestehen ein recht bedeutendes Programm an Gesetzgebungsarbeit realisiert worden und allen daraus entstandenen Werken lagen Analysen über Wirkungen und Wirksamkeit bisherigen Rechts sowie Vorstellungen über die Wirkungsweise bestimmter Rechtssysteme zugrunde; denn keine Gesetzgebung kann ohne dem auskommen. Jedenfalls darf ich dies aus meiner eigenen, über mehr als 10 Jahre währenden Mitarbeit an der Strafgesetzgebung mit Fug und Recht bekunden. Zugleich aber muß auch angemerkt werden, daß das damalige methodologische und methodische Rüstzeug noch unausgereift war und gerade deswegen es sehr begrüßenswert ist, wenn jetzt eine methodologische und methodische Diskussion über Wirkungsweise und Wirksamkeit des Rechts beginnt, die auch der künftigen Gesetzgebung aber nicht nur ihr, sondern auch der Rechtsanwendung ganz allgemein zugute kommt und nicht zuletzt auch der Theorie neue Blickfelder schafft. Eine gründliche Bearbeitung des Themas verbunden mit sozialwissenschaftlich orientierten Forschungen wird den Realitätsbezug der Rechtswissenschaft vertiefen und nicht zuletzt auch mit manchem Irrglauben, mancher Illusion oder auch Spekulation über die Wirksamkeit des Rechts bzw. bestimmter Zweige aufräumen.

Eine der nächsten Aufgaben auf diesem Gebiet dürfte darin bestehen, sich theoretisch und praktisch tragfähige Modelle für solche Forschungen zu schaffen. Dies wird um so dringlicher, wenn man daran denkt, daß in vielleicht nicht allzu ferner Zukunft rechnergestützte Forschungsarbeitsplätze auch in der Rechtswissenschaft üblich sein könnten. Ohne derartige wissenschaftlich exakte Modelle aber besteht die Gefahr, daß „wild" gesammelte Daten ebenso „wild" korreliert werden und neue spekulative Ergebnisse erzielt werden könnten, die sich den Schein sozialwissenschaftlicher Fundierung geben. Die Staats- und Rechtswissenschaft der DDR kommt mit ihrem Drang zur sozialwissenschaftlichen Fundierung (darin sehe ich den Hauptwert der heutigen Tagung) zwar spät, für eine saubere methodologische und methodische Grundlegung ist es gegenwärtig, also vor dem Beginn der Arbeiten, jedoch nicht zu spät; haben wir doch die Möglichkeit, die Erfahrungen jener Wissenschaften, die sich schon längere Zeit solchen Forschungen zugewandt haben, für unsere Zwecke nutzbringend zu verarbeiten. Dies setzt allerdings voraus, daß man lernen will und sich nicht in der eingebildeten Rolle bewegt, als sei man „Politkommissar" der Gesellschaftswissenschaften.

Was die Ausarbeitung solche Modelle anlangt, so wird man sich Klarheit darüber schaffen müssen, daß sie je nach dem Zweck oder Ziel der Untersuchungen variabel sein müssen. Alle soziale Wirkungen in der Gesellschaft werden durch das soziale Handeln der Menschen als einzelne Mitglieder der Gesellschaft im zwischenmenschlichen Verkehr, als Akteure in sozialen Lebensprozessen (Arbeit, Kultur, Politik usw.), im Verkehr mit sozialen Institutionen oder als Mitarbeiter dieser Institutionen (staatliche Organe, gesellschaftliche Organisationen usw.) erzeugt. Wirksam kann Recht nur sein, wenn es das Sozialverhalten der Gesellschaftsmitglieder beeinflußt (leitet, lenkt, reguliert, stimuliert, Rahmenbedingungen dafür schafft usw.). Es kommt mithin darauf an, welches Sozialverhalten durch welche Rechtszweige in welcher Weise und Richtung beeinflußt werden soll und wer der „Adressat" der Normen oder Normenkomplexe ist (wobei man wiederum zwischen unmittelbaren und mittelbaren Adressaten wird unterscheiden müssen). Solche Modelle müssen – mit anderen Worten ausgedrückt – einerseits Systemaspekte beachten und andererseits immer bis zum Menschen als dem handelnden Akteur in diesen Systemen vordringen. Aus dieser Sicht dürfte einleuchten, daß familienrechtliche Forschungen andere Modelle verlangen als arbeitsrechtliche oder strafrechtliche; denn in allen diesen Fällen werden unterschiedliche soziale Prozesse untersucht, in denen der Mensch wiederum eine sehr unterschiedliche Funktion hat. Bei aller Einheitlichkeit im grundsätzlichen methodologischen Herangehen werden für konkrete Forschungen unterschiedliche Modelle zu erarbeiten und nach ihrer Erarbeitung jedoch einheitlich anzuwenden sein, um ein Minimum an Vergleichbarkeit der von verschiedenen Einrichtungen durchgeführten Wirksamkeitsforschungen zu gewährleisten. Es versteht sich dann fast von allein, daß nach der Modellierung solcher Forschungen noch bedeutende Arbeiten zu leisten sein werden, um den Methodenapparat zu entwickeln, der allen Gütekriterien sozialwissenschaftlicher Forschungen standhält. Die Schwierigkeiten dabei dürfen nicht zu gering veranschlagt werden. Sicher wird z. B. die Methode verschiedenartigster Befragungen immer eine Rolle spielen. Nur muß man sich der Begrenztheit dieser Methode bewußt sein. Sie vermag nur Ansichten, Meinungen, Vorstellungen, also subjektive Fakten zu ermitteln; ob diesen ermittelten subjektiven Fakten der Wert zukommt, auch objektive Prozesse zu messen und inwiefern, muß in jedem Einzelfall genau bestimmt sein. Auf keinen Fall darf zugelassen werden, daß die Befragung die einzige Methode bleibt und daß aus ihr allein voreilig Schlüsse auf die Wirksamkeit von Recht gezogen werden. Es werden Methoden zu finden sein, die die Wirksamkeit am objektiv meßbaren Sozialverhalten der Bürger, staatlichen Organe und sonstigen Institutionen erkunden. Eines der größten Probleme aber dürfte sein herauszufinden, welche Effekte der sozialen Entwicklung tatsächlich auf das Recht bzw. die rechtliche Normierung bestimmter Vorgänge zurückzuführen sind. Die Motivation von Sozialverhalten ist so komplexer Natur, daß vielfach der Beitrag des Rechts dazu kaum feststellbar ist. Es wird daher wichtig zu wissen, in welchen Zusammenhängen das Recht nur eine begleitende oder rein förmliche Funktion hat – wie beispielsweise bei der Fixierung sozialpolitischer Maßnahmen, wo die Hauptwirkungen vom Gehalt dieser Maßnahmen ausgehen dürfte, die Rechtsform durch Anspruchsgewährung aber keineswegs bedeutungslos ist – oder wo den Rechtsnormen ausgesprochen stimulierende Funktion für ein bestimmtes Sozialverhalten zukommt. Dies alles verweist darauf, welche theoretische Arbeit zu leisten ist, wenn man sich dem hier behandelten Thema zuwenden will; daß es notwendig zu behandeln ist, braucht nicht weiter betont zu werden.

Bei der Erarbeitung von Forschungsmodellen zur Wirkungsweise und Wirksamkeit des Rechts bzw. bestimmter Rechtszweige wird man die Modelle auch nach dem konkreten Untersuchungszweck auszurichten haben. Es gibt hier wesentlich unterschiedliche Fragestellungen oder Ebenen.

Wenn danach gefragt wird, wie das Recht bzw. ein bestimmter Rechtszweig wirkt, so sind Fragen nach dem Adressaten der Normen, nach dem Weg, wie die Norm den Adressaten erreicht (also seiner Information), nach der Verständlichkeit der Norm für den Adressaten und danach gestellt, welche Veränderungen diese Normen im Verhalten der Adressaten, die nun zu Akteuren werden, bewirken sollten. Dieses Problem ist nicht so simpel, wie es scheinen mag. Vielfach wird z. B. vom Strafrecht gesagt, daß es die Begehung von Straftaten verbiete. Tatsächlich gibt es auch einige wenige strafrechtliche Verbote. Ansonsten aber verbietet Strafrecht weder Tötungen, Körperverletzungen noch Diebstähle, sondern gebietet nur deren Bestrafung durch die hierzu befugten staatlichen Organe. Das Strafrecht geht bei den genannten Delikten von wesentlich allgemeineren sozialen Grundnormen aus und knüpft mit seinen Bestrafungsregeln an sie an. Wenn die Bürger unseres Staates nicht morden, stehlen usw. so geht dies kaum auf das Strafrecht (oder nur bei einigen, die in Versuchung geraten sind), sondern eher darauf zurück, daß sie die Grundnormen des Sozialverhaltens sich so sehr zu eigen gemacht haben, daß innere Hemmungsbarrieren sie daran hindern. Der Aufbau solcher Barrieren beginnt schon sehr früh mit der ethischen Erziehung im Kleinkindalter und setzt sich über alle Altersstufen fort. Untersuchungen zum „Wie“ des Wirkens von Strafrecht werden dies zu beachten haben. Bei anderen Rechtszweigen dagegen werden andere Besonderheiten hervortreten. Sind sie erkannt, so dürften sich auch neue Erkenntnisse dafür ergeben, was zu tun ist, damit die einschlägigen Normen ihre Adressaten erreichen; denn man darf wohl nicht unterstellen, daß alle Bürger der DDR Leser der Gesetzesblätter sind – und der Spruch „Unkenntnis schützt vor Strafe nicht“ sollte für eine sozialistischen Gesellschaft nicht uneingeschränkt gelten.

Man kann sich nun vorstellen, daß ähnlich differenziert vorgegangen werden muß, wenn man danach fragt, was das Recht bzw. der Rechtszweig oder die Rechtsnorm im Guten wie im Bösen bewirkt hat; oder ob es die ursprünglich vorgestellten Wirkungen erzielt hat, welcher Grad an Übereinstimmung zwischen Ziel und Realität besteht und warum ein erwarteter Effekt nicht eingetreten ist; oder ob und wie die anwendungsbefugten und -verpflichteten staatlichen Organe, Betriebe und Einrichtungen mit dem Recht umgehen und was dabei herauskommt; oder ob das bestehende Recht den objektiven gesellschaftlichen Erfordernissen adäquat ist, welche Vor- und Nachteile bestehen; oder ob es wirklich effektiv ist, bestimmte soziale Vorgänge rechtlich zu normieren und dann auf welcher Ebene oder ob es nicht günstiger wäre, auf rechtliche Normierungen zu verzichten, um Entwicklungen nicht vorzugreifen, Initiativen nicht vorschnell zu reglementieren usw. Sehr eng mit der letzten Frage verbunden ist auch die, ob es nicht an der Zeit ist, rechtlich von sozialen Vorgängen – wie beispelsweise den Lebensgemeinschaften – Kenntnis zu nehmen, auch wenn diese in ursprüngliche familienrechtliche Konzepte nicht hineinpassen, die davon ausgingen, daß Familien erst mit der Eheschließung entstehen. Inzwischen sind Lebensgemeinschaften zu sozial gewichtigen Formen auch des Familienlebens geworden, die vom Recht her nicht einfach negiert werden dürfen und damit der Spontanentwicklung überlassen bleiben.

Es versteht sich, daß je nach dem konkreten Untersuchungszweck wissenschaftlich begründete Indikatoren gefunden werden müssen, die Wirkungsweise und Wirksamkeit des Rechts, des Rechtszweiges oder auch bestimmter Normen zu messen in der Lage sind. Da aber nun Recht seine Wirksamkeit nur über das Verhalten der Menschen entfalten kann, darf bei keiner Untersuchung der Mensch – sei er nun als Bürger, Funktionär, Arbeiter usw. tangiert – nie außer Betracht gelassen werden.

Dies gilt auch, wenn man die Rechtsanwendung untersucht, die vielfach mit Wertungsvorgängen durch Betriebsleiter, Meister, Richter, Staatsanwälte, Staatsfunktionäre usw. verbunden sind, so daß positive oder negative Auswirkungen der Rechtsanwendung durchaus hiervon und nicht durch die Normen selbst bedingt sein können. Der „Faktor Mensch" – der auf dem XXVII. Parteitag der KPdSU und dem XI. Parteitag der SED so hoch veranschlagt worden ist – darf nie übersehen werden, wenn man nicht ein falsches Bild erzeugen will.

Abschließend soll noch auf ein anderes Problem verwiesen werden. Bei allen solchen Untersuchungen muß vermieden werden, daß die Wirksamkeit des Rechts abseits von den objektiv ablaufenden sozialen Prozessen untersucht oder gemessen wird. Wenn man beispielsweise die Kriminalität in ihrer Bewegung nur an den Daten der registrierten oder festgestellten Straftaten beurteilen will und vom Auf und Ab dieser Daten auf die reale Delinquenz in der Gesellschaft schließen will, so sind Fehler unvermeidbar und entstehen verzerrte Aussagen. Man wird vielmehr in Rechnung stellen müssen, daß aus verschiedenen, nicht unbedingt sozial-negativen Gründen ein kleinerer oder größerer Teil an und für sich strafbarer Handlungen im Dunkeln bleiben, daß die Gesellschaft – sofern es sich nicht um Kapitalverbrechen oder um Erscheinungsformen um sich greifender Demoralisation handelt – Wege gefunden hat, mit ihnen auch ohne Strafgerichtsbarkeit fertig zu werden. So deuten die Daten zu festgestellten Straftaten, die den Arbeits- und Gesundheitsschutz betreffen, und die Daten zu den Todesursachen von Menschen im arbeitsfähigen Alter oder gar die Arbeitsunfallstatistik darauf hin, daß nur ein Bruchteil möglicher Straftaten zur Kenntnis der Strafverfolgungsorgane gelangen. Man muß also – dies sollte das Beispiel besagen – bei den Wirksamkeitsuntersuchungen ausmachen, mit welchen sozialen Prozessen man seine Ergebnisse oder Feststellungen korrelieren will. Da solche Untersuchungen unter Umständen Ausgangspunkt für gewichtige Entscheidungen werden können, ist wissenschaftliche Sorgfalt geboten. Die Frage beispielsweise, ob die Bestrafung der Frau wegen Schwangerschaftsunterbrechung abgeschafft werden sollte, wurde u. a. auch dadurch entschieden, daß die Zahl und Art der Gerichtsverfahren auf diesem Sektor mit den Schätzungen der Ärzteschaft der DDR zur vermuteten Schwangerschaftsunterbrechung bei Krankenhauseinlieferungen verglichen wurden. Dieser Vergleich ergab, daß illegale Schwangerschaftsunterbrechungen fast um ein mehrhundertfaches höher lagen als die gerichtlichen Verfahren und daß diesen Verfahren im Prinzip andere Motive als die Schwangerschaftsunterbrechung zugrunde lagen, Hier ergab der Versuch der Untersuchung des realen sozialen Vorganges und des durch die Statistik der Verfahren abgebildeten, daß die damaligen Strafrechtsnormen den Verhaltensweisen und dem Bewußtsein des Volkes zuwiderliefen, daß sie durch die Moralvorstellungen des Volkes nicht mehr getragen waren und auch aus diesen Gründen aufgehoben werden mußten.

Dies sind einige Erfahrungen, die ich aus der Sicht des Kriminologen und Strafrechtlers zur eingeleiteten Diskussion über Fragen der Wirkungsweise und Wirksamkeit des Rechts beitragen möchte.

Lothar Krumbiegel

# Zur Bedeutung von Wirksamkeitsanalysen für die Rechtsetzungstätigkeit der zentralen Staatsorgane

Die Frage nach der Effektivität und Wirksamkeit rechtlicher Regelungen spielt in der Praxis der zentralen Staatsorgane, insbesondere in ihrer Rechtsetzungstätigkeit, eine wichtige Rolle, wenn das sozialistische Recht als konzentrierter staatlicher Ausdruck der Politik der Arbeiterklasse und ihrer marxistisch-leninistischen Partei in Übereinstimmung mit den Interessen aller Werktätigen seine aktive friedenserhaltende und fortschrittsfördernde Funktion erfüllen soll. In der Rechtsetzungstätigkeit muß deshalb von folgenden zwei Prämissen ausgegangen werden:

1. Grundlage jeder rechtlichen Regelung bilden die objektiven Gesetzmäßigkeiten und jeweiligen Erfordernisse der Gestaltung und des zuverlässigen Schutzes der entwickelten sozialistischen Gesellschaft und die dementsprechenden Beschlüsse der Partei der Arbeiterklasse.
2. Bei jeder neuen rechtlichen Regelung ist unter Berücksichtigung der Kontinuität der auf die Erhaltung des Friedens und das Wohl des Volkes gerichteten Politik der Partei und des sozialistischen Staates zu prüfen und einzuschätzen, welche bestehenden Normen sich in der Praxis bewährt haben und deshalb beibehalten werden können, und welche präzisiert, geändert oder aufgehoben und deshalb neugefaßt werden müssen. Es gilt also, bisherige rechtliche Regelungen in doppeltem Sinne „aufzuheben", nämlich bewährte zu erhalten und hemmende außer Kraft zu setzen.

Das erfordert gründliche Analysen der geltenden Rechtsvorschriften und ihrer Wirksamkeit in der praktischen Durchsetzung, klare Konzeptionen zu Ziel, Inhalt und Form der erforderlichen Neuregelungen entsprechend den künftigen Erfordernissen sowie eindeutige Festlegungen darüber, welche Organe bei der Ausarbeitung der neuen Rechtsvorschriften im Interesse sachlich richtiger und notwendiger Regelungen einzubeziehen sind.

Die Um- und Durchsetzung dieser Prämissen und Anforderungen an eine effektive praxiswirksame Gestaltung von Rechtsvorschriften soll an folgenden Beispielen auf dem Gebiet der Landesverteidigung aufgezeigt werden.

Bekanntlich hatte die Volkskammer der DDR am 20. 9. 1961, also wenige Wochen nach der militärischen Sicherung unserer Staatsgrenze, das Gesetz über die Verteidigung der DDR (Verteidigungsgesetz)[1] beschlossen. Es entsprach dem damaligen Entwicklungsstand in der DDR, der konkreten internationalen Lage sowie den vorhandenen militärpolitischen und militärwissenschaftlichen Erkenntnissen. Wenngleich sich dieses Gesetz und die auf seiner Grundlage getroffenen Maßnahmen zur Stärkung und Entwicklung der Landesverteidigung der DDR bewährt hatten, wurde seine Überarbeitung und Neufassung auf Grund der innerstaatlichen und internationalen Entwicklung erforderlich. Nach eingehender Analyse wurden gemäß den Aufgabenstellungen in dem vom IX. Parteitag der SED beschlossenen Programm der Partei – unsere Rechtsordnung entsprechend dem Reifegrad der sozialistischen Gesellschaft planmäßig auszubauen und zur Gewährleistung des Friedens und der Sicherheit die Verteidigungsbereitschaft der

DDR weiter zu stärken – die Rechtsvorschriften über die Landesverteidigung dem neuen Entwicklungsstand der sozialistischen Gesellschaft in der DDR, der internationalen Lage und den künftigen Erfordernissen für den zuverlässigen Schutz des Friedens und des Sozialismus angepaßt, indem die Volkskammer der DDR am 13. 10. 1978 ein neues Gesetz über die Landesverteidigung der DDR (Verteidigungsgesetz) beschloß.[2] In der Begründung dieses Gesetzes hat der Minister für Nationale Verteidigung unter anderem darauf hingewiesen, daß der Hauptgrund für die Neufassung des Verteidigungsgesetzes darin bestand, die Konsequenzen der Verfassung von 1974 für die gesetzlichen Regelungen über die Landesverteidigung zu ziehen sowie die militärpolitischen und militärwissenschaftlichen Erkenntnisse und Erfordernisse der Gegenwart und absehbaren Zukunft zu berücksichtigen. Der Erlaß eines neuen Verteidigungsgesetzes war daher eine folgerichtige staatsrechtliche Maßnahme, die von der Kontinuität der auf die Sicherung des Friedens gerichteten Politik der Partei der Arbeiterklasse und unseres sozialistischen Staates zeugt.

Mit der Neufassung des Verteidigungsgesetzes wird zweierlei sichtbar: Zum einen, daß bisherige gesetzliche Regelungen, die sich in ihrer Wirksamkeit bewährt hatten, in das neue Gesetz übernommen und zum Teil präzisiert wurden. Zum anderen wurden jedoch völlig neue Festlegungen entsprechend den Erfordernissen der Zeit und einer zuverlässigen Landesverteidigung getroffen. Das betraf vor allem die Aussagen in der Präambel und die Bestimmungen über die Grundlagen der Landesverteidigung, in denen in konzentrierter Weise die einheitliche und koordinierte Außen-, Sicherheits- und Militärpolitik der DDR im Rahmen des sozialistischen Verteidigungsbündnisses staatsrechtlich zum Ausdruckt kommt. Auch die Festlegungen über die Leitung der Landesverteidigung, einschließlich der Zivilverteidigung, wurden präzisiert.[3] Dabei wurde zugleich den Forderungen nach größerer Effektivität der rechtlichen Regelungen Rechnung getragen, indem nicht nur das Verteidigungsgesetz von 1961[4], sondern auch die Gesetze über die Bildung des Nationalen Verteidigungsrates der DDR vom 10. 2. 1960[5] und 1964[6] sowie das Zivilverteidigungsgesetz von 1970[7] außer Kraft gesetzt werden konnten, nachdem bewährte Regelungen dieser Gesetze in präzisierter Form in das neue Verteidigungsgesetz übernommen wurden.

In Übereinstimmung mit dem Programm der SED sowie auf der Grundlage der Verfassung der DDR[8] enthalten das Verteidigungsgesetz[9] und dessen Folgebestimmungen alle notwendigen rechtlichen Regelungen zur Durchsetzung der auf den Schutz des Sozialismus und die Erhaltung des Friedens gerichteten Politik der Partei der Arbeiterklasse und unseres sozialistischen Staates. Sie entsprechen den Erfordernissen einer zuverlässigen Landesverteidigung unter den Bedingungen der bestehenden militärpolitischen Lage und dem Entwicklungsstand in der DDR. Demgemäß konnte Genosse Erich Honecker auf dem X. Parteitag der SED im April 1981 feststellen: „Die Verfassung der DDR und das Verteidigungsgesetz verankern den obersten Grundsatz unserer sozialistischen Militär- und Sicherheitspolitik, alles zu tun, um Sozialismus und Frieden zu sichern.“[10]

Nachdem durch das Verteidigungsgesetz die staatsrechtlichen Grundlagen für die weitere Entwicklung der Landesverteidigung insgesamt geschaffen waren, wurde die Wirksamkeit der rechtlichen Regelungen über den Wehrdienst in der DDR eingehend analysiert. Mit dem Gesetz zur Ergänzung der Verfassung der DDR vom 26. 9. 1955[11] wurde der Dienst zum Schutz des Vaterlandes und der Errungenschaften der Werktätigen zu einer ehrenvollen Pflicht der Bürger der DDR erklärt und – davon ausgehend – mit dem Gesetz über die Schaffung der Nationalen Volksarmee vom 18. 1. 1956[12] die staatsrechtliche Grundlage für den Aufbau sozialistischer Streitkräfte in der DDR gelegt, ohne bereits die allgemeine Wehrpflicht einzuführen. Das erfolgte erst später auf der Grundlage des ersten Verteidigungsgesetzes von 1961. Mit dem Gesetz über die allgemeine Wehrpflicht – Wehrpflichtgesetz – vom 24. 1. 1962[13] wurde die staatsrechtliche Grundlage geschaffen, daß die männlichen Bürger der DDR im wehrpflichtigen Alter systematisch und planmäßig militärisch ausgebildet werden konnten. Der Wehrdienst wurde in unserem sozialistischen Staat mehr und mehr zu einer ehrenvollen Sache aller Bürger.

Nach eingehender Analyse der Wirksamkeit der den Wehrdienst regelnden Rechtsvorschriften wurde in kontinuierlicher Weiterführung und Präzisierung der bisherigen wehrdienstlichen Bestimmungen das Gesetz über den Wehrdienst in der DDR – Wehrdienstgesetz – vom 25. 3. 1982 beschlossen[14]. Dieses Gesetz und seine Folgebestimmungen berücksichtigen die in den seit Erlaß des Wehrpflichtgesetzes vergangenen zwanzig Jahren eingetretenen gesellschaftlichen Veränderungen und tragen zugleich den gewachsenen Anforderungen an die sozialistischen Streitkräfte in den achtziger und neunziger Jahren Rechnung. Das Gesetz ist darauf gerichtet, die Verteidigungsfähigkeit der DDR und die Verteidigungsbereitschaft ihrer Bürger weiter zu stärken. Es ist Ausdruck der erhöhten Anstrengungen der DDR, angesichts der gegenwärtigen internationalen Lage alles in ihren Kräften Stehende zur Lösung der Lebensfrage der Menschheit zu tun und verdeutlicht die schöpferische Verwirklichung des Leninschen Grundsatzes sozialistischer Friedensstrategie, wonach die Friedensschritte des sozialistischen Staates jederzeit gepaart sein müssen mit der Anspannung aller militärischen Kräfte. Zugleich wurde mit dem Wehrdienstgesetz und seinen Folgebestimmungen dem Bedürfnis entsprochen, im Interesse der immer bewußteren Wahrnehmung der staatsbürgerlichen Rechte und Pflichten die Rechtsvorschriften zum Wehrdienst für alle Bürger überschaubarer und verständlicher zu gestalten. Ausgehend von Artikel 23 der Verfassung der DDR[15] beinhalten sie alle notwendigen rechtlichen Regelungen über die Wehrdienstvorbereitung, den aktiven und Reservistenwehrdienst, die Rechte und Pflichten der Angehörigen der Nationalen Volksarmee, ihre Disziplin und Ordnung sowie die Aufgaben, Pflichten und Rechte der Staatsorgane, Kombinate, Betriebe, Einrichtungen, Genossenschaften und gesellschaftlichen Organisationen auf diesem Gebiet.

Zeitgleich mit dem Wehrdienstgesetz wurde das Gesetz über die Staatsgrenze der Deutschen Demokratischen Republik – Grenzgesetz – vom 25. 3. 1982 erlassen.[16] In diesem Gesetz sind erstmalig alle grundlegenden Bestimmungen über das Hoheitsgebiet und die Staatsgrenze der DDR, die bisher in verschiedenen Rechtsvorschriften enthalten waren, zusammengefaßt. In voller Übereinstimmung mit dem Völkerrecht ist das Grenzgesetz mit seinen Folgebestimmungen darauf gerichtet, die Unantastbarkeit der Staatsgrenze der DDR zu gewährleisten, die Sicherheit und Ordnung in den Grenzgebieten weiter zu festigen, die Stellung und Verantwortung der Grenztruppen der DDR und ihr Zusammenwirken mit den anderen Schutz- und Sicherheitsorganen sowie den örtlichen Staatsorganen zu regeln, die Verantwortung aller gesellschaftlichen Kräfte für den Schutz der Staatsgrenze zu erhöhen sowie die Arbeits- und Lebensbedingungen der Bevölkerung in den Grenzgebieten weiter zu verbessern.

Die Tatsache, daß im Verteidigungs-, im Wehrdienst- und im Grenzgesetz sowie in deren Folgebestimmungen umfassende Aufgaben für die örtlichen Staatsorgane fixiert sind, war von Bedeutung, in welchem Umfang Probleme der Landesverteidigung in das Gesetz über die örtlichen Volksvertretungen in der DDR (GöV)[17] vom 4. 7. 1985 aufgenommen werden sollten. Es wurde entschieden, das GöV nicht mit Einzelaufgaben der Landesverteidigung, einschließlich bestimmter Differenzierungen in den einzelnen Leitungsebenen zu belasten. Deshalb sind in § 3 Abs. 6 GöV nur die Hauptrichtungen der Tätigkeit der örtlichen Volksvertretungen und – davon abgeleitet – ihrer Organe postuliert.[18]

In diesem Zusammenhang ist hinsichtlich der Wirksamkeit und Effektivität des sozialistischen Rechts von genereller Bedeutung, in welchem Umfang und mit welchem Inhalt Erfordernisse der Landesverteidigung in Gesetzen und anderen Rechtsvorschriften zu regeln sind. Diese Frage ist von allen zentralen Staatsorganen bei der Vorbereitung und Ausarbeitung rechtlicher Regelungen zu beachten. So sind im erforderlichen Umfang in zahlreichen Gesetzen und anderen Rechtsvorschriften einzelne Normen enthalten, die den Belangen der Landesverteidigung Rechnung tragen. Wenn Genosse Erich Honecker im Rechenschaftsbericht an den XI. Parteitag der SED feststellte: „Unsere Partei hat ein zuverlässiges System der Verteidigung und Sicherung des sozialistischen Vaterlandes geschaffen und gestaltet es entsprechend den Erfordernissen der Zeit“[19], so gehört dazu auch das System der Rechtsvorschriften zur Leitung, Organisierung und Sicherstellung der Landesverteidigung, das sich in seiner Gesamtheit als ein spezielles Rechtsgebiet „Recht der Landesverteidigung“ herausgebildet hat und sich in der Praxis entsprechend den objektiven Erfordernissen bewährt.

## Anmerkungen

1 GBl. I 1961 Nr. 18 S. 175.
2 GBl. I 1978 Nr. 35 S. 377.
3 §§ 2, 4, 5 und 7 des Gesetzes über die Landesverteidigung der DDR – Verteidigungsgesetz – vom 13. 10. 1978 (GBl. I 1978 Nr. 35 S. 378/379).
4 Ebenda.
5 Gesetz über die Bildung des Nationalen Verteidigungsrates der DDR vom 10. 2. 1960 (GBl. I 1960 Nr. 8 S. 89).
6 Gesetz zur Änderung des Gesetzes über die Bildung des Nationalen Verteidigungsrates der DDR vom 19. 11. 1964 (GBl. I 1964 Nr. 15 S. 139).
7 Gesetz über die Zivilverteidigung in der DDR – Zivilverteidigungsgesetz – vom 16. 9. 1970 (GBl. I 1970 Nr. 20 S. 289).
8 Verfassung der DDR vom 6. 4. 1968 i. d. F. des Gesetzes zur Ergänzung und Änderung der Verfassung der DDR vom 7. 10. 1974 (GBl. I 1974 Nr. 47 S. 432).
9 Ebenda.
10 Bericht des Zentralkomitees der Sozialistischen Einheitspartei Deutschlands an den X. Parteitag der SED, Berichterstatter Erich Honecker, Berlin 1981, S. 126.
11 GBl. I 1955 Nr. 82 S. 653.
12 GBl. I 1956 Nr. 8 S. 81.
13 GBl. I 1962 Nr. 1 S. 2.
14 GBl. I 1982 Nr. 12 S. 221.
15 Ebenda.
16 GBl. I 1982 Nr. 11 S. 197.
17 GBl. I 1985 Nr. 18 S. 213.
18 Ebenda.
19 Bericht des Zentralkomitees der Sozialistischen Einheitspartei Deutschlands an den XI. Parteitag der SED, Berichterstatter Erich Honecker, Berlin 1986, S. 79.

Peter Sander

# Zur Maßstabbildung zwecks Bewertung der Effektivität des sozialistischen Rechts

Die von Karl A. Mollnau vorgelegten Thesen verstehe ich als Versuch einer Bestandsaufnahme und zugleich als forschungsmethodischen Blick nach vorn – bezogen auf die weitere und zwar praxiswirksame – Ausarbeitung einer Theorie der Effektivität des sozialistischen Rechts durch die Konstituierung einer Theorie und Methodik der Effektivitätsanalyse. Nach seinem Dafürhalten sind Forschungen dazu vor allem in drei eng miteinander verbundenen Richtungen unabweisbar, und zwar

„a) zur Maßstabbildung zwecks Bewertung der vom Recht ausgelösten oder nicht ausgelösten Wirkungen unter dem Gesichtspunkt der Effektivität des Rechts (rechtsetzungs- und rechtsanwendungstheoretisch hängt dies mit der Zielfrage im rechtlichen Regelungsprozeß zusammen);

b) zu den Voraussetzungen, Möglichkeiten und Grenzen der Quantifizierung vom Recht ausgelöster Wirkungen und

c) zum Indikatorenproblem der gesellschaftlichen Wirksamkeit des Rechts“.[1]

Akzeptiert man die hierdurch gesetzten Präferenzen bzw. Prioritäten, – und man muß dies tun, wenn man den Stand der Effektivitätsforschung realistisch einschätzt – so wird unzweifelhaft deutlich, daß Forderungen nach verstärkter interdisziplinärer Arbeit perspektivisch nirgendwo mehr bloß rhetorischer Art sein dürfen, sondern, daß Interdisziplinarität[2] im Wesen jeder seriösen rechtlichen Effektivitätsanalyse selbst liegt, und zwar gleichermaßen bezogen auf die Weiterentwicklung der Theorie als auch auf die Konstituierung einer Methodik der Effektivitätsanalyse des sozialistischen Rechts. Interdisziplinarität meint hier sowohl die Verwendung und Anwendung neuester grundlegender gesellschaftstheoretischer Erkenntnisse (z. B. die Philosophie der Wertungsprozesse und Wertungsresultate, das Problem der Maßstäbe der Wertung u. a.), der Erkenntnisse des sozialwissenschaftlichen bzw. soziologischen Forschungsprozesses bis hin zur Erkundung von Möglichkeiten und Grenzen einer computergestützten Effektivitätskontrolle als auch die unabdingbare praktische Forschungskooperation von Rechtstheoretikern, Soziologen und Rechtszweigwissenschaftlern, ohne die eine wirkliche Einheit von Theorie und Empirie im Rahmen der Effektivitätsforschung perspektivisch überhaupt völlig undenkbar erscheint.

Ergebnisse von rechtstheoretischen wie rechtszweigwissenschaftlichen Arbeiten zeigen sehr deutlich, daß die Problematik der Erforschung der Effektivität des Rechts zugleich weitgehende theoretische wie praktische Fragen wissenschaftssystematischer bzw. wissenschaftsmethodischer Natur aufwirft. Das betrifft insbesondere die weitere Durchdringung des Verhältnisses von Rechtstheorie und Rechtssoziologie – ob letztere mit oder ohne Gänsefüßchen, das sei zunächst einmal völlig offengelassen – sowie das Verhältnis von Rechtstheorie und Rechtszweigwissenschaften. Natürlich ist und bleibt die Theorie der Effektivität des Rechts ein rechtstheoretisches Problem. Die Untersuchung der Effektivität des Rechts – bestimmter konkreter Wirkungsrelationen – ist als spezifisch empirische Aufgabe ein Problem der praktischen Rechtssoziologie und fällt damit vorrangig in den Kompetenzbereich der Rechtszweigwissenschaften. Es kann dabei nicht Anliegen der Rechtstheorie sein, sich die Untersuchung der Effektivität einer spezifischen Wirkungsrelation in einem konkreten Objektbereich zur Aufgabe zu machen. Die Rechtstheorie untersucht nicht die Wirksamkeit des Arbeitsrechts oder einzelner Institute des Zivilrechts. Gleichwohl müssen rechtstheoretische Forschungen zur Effektivität des Rechts durch praktisch-rechtssoziologische Untersuchungen gestützt werden, und zwar nicht ausschließlich durch Verallgemeinerung rechtszweigwissenschaftlicher Ergebnisse. Dazu gehören auch „eigene" empirische Analysen mit exemplarischem Charakter[3], insbesondere zum Zweck der Erarbeitung einer für die Rechtszweigwissenschaften handhabbaren (d. h. letzlich auch leitungspolitisch verwendbaren) Methodologie bzw. Methodik der Effektivitätsanalyse und der Effektivitätskontrolle des Rechts durch staatliche und gesellschaftliche Organe bzw. Organisationen.

Forschungsstrategisch und forschungsmethodisch liegen hier gewiß noch ungeahnte Reserven wie auch noch ungehobene Schätze. Eine rechtstheoretische Verallgemeinerung, ja zunächst eine kritische Analyse, rechtszweigwissenschaftlicher Effektivitätsforschung steht nach meinem Dafürhalten in starkem Maße noch aus, also uns noch bevor. Man muß auch sehr nüchtern konstatieren, daß rechtstheoretische und rechtszweigwissenschaftliche Forschungen häufig nicht miteinander bzw. einander wechselseitig reflektierend und aufeinander aufbauend, sondern oft einfach nebeneinander bzw. parallel durchgeführt wurden, ja durchgeführt werden mußten, weil – grob vereinfacht – Theorie und Praxis nicht aufeinander warten konnten oder jeder sich auf die Ergebnisse des anderen abwartend verlassen darf. Im Wege eines herkömmlichen Nebeneinander allerdings werden weitere Erkenntnisfortschritte kaum zu erreichen sein. Die Erarbeitung einer Theorie und Methodik der Effektivitätsanalyse des Rechts wird damit – neben einer engen Kooperation und Koordination mit der sozialistischen Praxis – vor allem auch von einer wirksamen interdisziplinären Wissenschaftskooperation abhängen.

Ich möchte diese These anhand eines Beispiels belegen, eines Beispiels allerdings von zentraler Bedeutung, und zwar dem Problem der Maßstabbildung zum Zwecke der Bewertung der Effektivität des sozialistischen Rechts.

Analysiert man sehr sachlich die bisher vorliegenden Ergebnisse der Rechtszweigwissenschaften auf dem Gebiet der Effektivitätsuntersuchung des Rechts, so erkennt man sehr schnell, daß das Problem der Kriterien der Effektivität des Rechts respektive der Maßstäbe für die Bewertung der Effektivität in der Tat zentraler Natur ist, ohne dessen einheitliche Klärung die Weiterentwicklung der Theorie der Effektivität des sozialistischen Rechts generell kaum möglich ist. Jene Ergebnisse offenbaren ziemlich schonungslos, daß die zugrunde gelegten Maßstäbe der Effektivität des Rechts und der Effektivitätsmessung doch erheblich voneinander differieren, was nicht nur die Überprüfbarkeit der Ergebnisse generell erschwert, sondern auch einen Vergleich der in den einzelnen Rechtszweigen vorgenommenen Effektivitätseinschätzungen nahezu völlig ausschließt.

Einschätzungen der Effektivität bestimmter Rechtsnormen, Rechtsnormengruppen und Rechtsinstitute sind zum Beispiel durch die Wirtschaftsrechtswissenschaft[4] oder die Arbeitsrechtswissenschaft[5] offensichtlich auch der Tatsache geschuldet, daß man entweder von verschiedenen Maßstäben der Effektivität des Rechts ausgeht oder dem Problem der Maßstabsetzung bzw. Maßstabbildung bisher überhaupt noch nicht die gebührende Aufmerksamkeit gewidmet wurde. Wenn wir wissen wollen, wie effektiv das Recht wirklich ist, müssen wir seine Effektivität bewerten. Um die Effektivität bewerten zu können, müssen wir wissen, was bewertet werden soll und wie bewertet werden kann. Zu bewerten sind offenbar die Wirkungen des Rechts in allen Stadien bzw. Etappen des rechtlichen Regelungsprozesses also Rechtsbildung, Rechtsanwendung, Rechtsverwirklichung. Um zu wissen, wie diese Wirkungen in ihrer Ganzheit, ihrer Wechselseitigkeit und ihrer jeweiligen Spezifik bewertet werden können, brauchen wir Kriterien[6], d. h. Maßstäbe für die Bewertung der Effektivität. Und um solche Maßstäbe zu entwickeln, müssen wir wissen, wie man solche methodisch ableitet bzw. gewinnt, damit man sicher sein kann, daß es sich nicht bloß um vermeintliche, sondern tatsächliche Bewertungsmaßstäbe handelt. Dies alles sind nicht bloß theoretische Fragen, sondern Probleme mit weittragenden praktischen Konsequenzen, denn Effektivitätsanalysen, die aussagefähig sind und zu adäquaten leitungspolitischen Schlußfolgerungen führen sollen, müssen auf einheitlichen Maßstäben für die Effektivität des Rechts und der Effektivitätmessung basieren. Bezüge und Bezugssysteme bzw. Bezugsebenen müssen gleich sein.

Es sei deshalb vermerkt, daß die Zuverlässigkeit der Ergebnisse der Effektivitätsforschung des Rechts somit nicht zuletzt von der Zuverlässigkeit der Kriterien – Bewertungsmaßstäbe – abhängt. Der XI. Parteitag der SED hat der einheitlichen Maßstabbildung und der Überprüfbarkeit der Maßstäbe für hohe Leistungsanforderungen große Bedeutung zugemessen. Eingeordnet in diesen Gesamtzusammenhang ist es somit zwingend, daß sich gerade auch die Effektivitätsforschung auf rechtstheoretischem Gebiet dieser Frage verstärkt zuwendet. Im Rahmen dieses Diskussionsbeitrages können nur einige methodologische Ansätze – thesenhaft – entwickelt werden:

1. Es erscheint problematisch, Kriterien – Bewertungsmaßstäbe – allein durch rechtstheoretische Überlegungen finden zu wollen – sie sind wohl kaum lediglich logisch deduzierbar –; vielmehr müssen sie aus der Einheit rechtstheoretischer Erkenntnis und praktisch-soziologischer Untersuchung erwachsen. Ihre Schlüsselstellung ergibt sich wohl daraus, daß sie in gewisser Weise sowohl Voraussetzung, insonderheit aber wesentliches Ergebnis der Effektivitätsforschung sind bzw. sein müssen.

2. Die Kriterienbestimmung für die Effektivität des Rechts muß rechtstheoretisch eingebunden sein in die Maßfunktion des Rechts[7], die Maßstabfunktion generell – in die Dialektik vom Maß des Rechts und vom Recht als Maßstab. Dennoch sind drei unterschiedliche Ebenen methodologisch auseinanderzuhalten:

a) Kriterien des Rechts;
b) Kriterien der Effektivität des Rechts;
c) Kriterien für die Effektivitätsanalyse und -kontrolle.

3. Da Kriterien der Effektivität des Rechts Maßstäbe für deren Bewertung sind, bedarf es eines brauchbaren wertungstheoretischen Ansatzes.[8] Es ist dazu zunächst erforderlich, den Gegenstand der rechtlichen Wertung zu bestimmen und die Spezifik rechtlicher Wertungsprozesse und Wertungsresultate herauszuarbeiten.

Hierzu schlage ich vor, daß wir uns auf folgende wertungstheoretische Ausgangspunkte konzentrieren und sie für die rechtswissenschaftliche Spezifik von Bewertungsmaßstäben der Effektivität fruchtbar machen:

- die grundlegenden wertungstheoretischen Erkenntnisse im Rahmen des historischen Materialismus, wie sie insbesondere von Erich Hahn erarbeitet wurden[9];
- die Erkenntnisse einer Logik von Wertungen, zusammenfassend dargestellt vor allem in den Arbeiten von A. A. Iwin[10] und Horst Wessel[11] sowie
- die gewissermaßen im Grenzbereich der Philosophie des Bewußtseins und der Psychologie liegende Einordnung der Wertungen in die Genese der Dialektik historisch-gesellschaftlicher Bewußtseinsstrukturen und -prozesse, wie sie auf höchst anregende Weise in dem neuen Buch von John Erpenbeck[12] vorgenommen wurde.

Das scheinen mir gewissermaßen die drei tragenden Säulen zu sein, auf deren Fundament ein solider („Über"-)Bau einer rechtswissenschaftlichen Wertungstheorie – eingeschlossen eine Theorie der Wertungsmaßstäbe für die Effektivität des Rechts – errichtet werden kann.

In Anlehnung an J. Erpenbeck[13], der vier verschiedene Wertungsbegriffe und zwei unterschiedliche Wertungsebenen nennt, und zwar

a) den prozessualen Begriff der eigentlichen Wertung (den Wertungsprozeß;
b) den resultativen Begriff der eigentlichen Wertung (das Wertungsresultat);
c) den prozessualen und resultativen Begriff der Meßwertung (die sog. Quantitätswertung) und
d) den prozessualen und resultativen Begriff der Entwicklungswertung (die sog. Qualitätswertung);

sollte die rechtstheoretische Aufgabenstellung darin bestehen:

a) Maßstäbe für die quantitative Bewertung der Effektivität des Rechts;
b) Maßstäbe für die qualitative Bewertung der Effektivität des Rechts;
c) Maßstäbe für die Bewertung von rechtlichen Wirkungsprozessen und
d) Maßstäbe für die Bewertung von rechtlichen Wirkungsresultaten zu entwickeln.

Dies freilich setzt methodisch voraus, exakt zwischen Subjekt, Objekt, Charakter, Grundlagen und Maßstäben von rechtlich relevanten Wertungen zu unterscheiden.[14] Für unseren Wissenschaftsgegenstand ist hierbei auch H. Wessels Position zu überprüfen, wonach Grundlagen und Kriterien einer Wertung identisch seien.[15] Tragfähiger scheint mir diesbezüglich das Erpenbecksche Konzept der Differenzierung von Grundlagen und Maßstäben der Wertung zu sein, wonach als Maßstäbe der Wertung sozusagen die Abstandsmaße zwischen einem Ist-Zustand und historisch-gesellschaftlich relativen Optima der Bedürfnisbefriedigung des Subjekts der Wertung bezeichnet werden, welche durch Objekte der Wertung herbeigeführt werden können, sobald diese durch Tätigkeit und Praxis tatsächlich mit dem Subjekt ins Verhältnis treten.[16] Eine solche Konzeption trägt dem Zeitfaktor[17], der Historizität[18] der sich verändernden rechtlichen Regelungsobjekte und -gegenstände, der historisch veränderlichen Dialektik von sozialem Verhalten und gesellschaftlichen Verhältnissen, in hohem Maße Rechnung.

4. Da alle Elemente, Stufen, Etappen des rechtlichen Regelungsprozesses – Rechtsbildung, Rechtsanwendung und Rechtsverwirklichung – effektivitätsrelevant sind,[19] benötigen wir vor diesem methodischen Hintergrund Kriterien zur Bewertung der Effektivität des gesamten Rechtssystems, von Subsystemen, Rechtszweigen, Normengruppen, Instituten etc. Wir benötigen gleichermaßen Kriterien, die sich nicht auf die Ganzheit des rechtlichen Bildungs- und Wirkungsprozesses, sondern spezifisch auf die Wirksamkeit einzelner Elemente der Rechtsetzung, der Rechtsanwendung etc. beziehen. Will man also Kriterien für die Wirksamkeit des Rechts gewinnen, die praktikabel und leitungspolitisch brauchbar sind, muß man den rechtlichen Bildungs- und Wirkungsprozeß sinnvoll aufgliedern. Kriterien der Effektivität des Rechts sind deshalb auch nicht einfach identisch mit Kriterien der Effektivität der Rechtsnormen.

5. Kriterien (Maßstäbe für die Bewertung der Effektivität des Rechts) müssen sich stets auf funktionale Zusammenhänge zwischen mindestens zwei Wirkungsfaktoren oder Wirkungsbedingungen beziehen und drücken zugleich den Grad ihrer Übereinstimmung aus. So ist z. B. der Grad der Übereinstimmung zwischen mindestens zweier solcher Wirkungsfaktoren im Rahmen einer untersuchten Wirkungsrelation (Beispiel: Arbeitsrechtsnormengruppe – arbeitsrechtliche Konkretisierungsakte oder: Arbeitsrechtsnorm – arbeitsrechtlich relevantes Handeln im Rahmen eigenverantwortlich-schöpferischer Gestaltung arbeitsrechtlicher Verträge) ein Kriterium der Effektivität des Arbeitsrechts – bezogen freilich auf die gegebene Wirkungsrelation. Ein Wirkungs-

faktor allein (z. B. eine Rechtsnorm oder das Ziel einer Rechtsnorm)[20] kann somit kein Kriterium der Wirksamkeit (Effektivität) des Rechts sein.

6. Aus all dem leiten sich eine Reihe bisher noch nicht oder erst ansatzweise gelöster Fragen ab, so z. B.:

- Gibt es ein System der Kriterien der Effektivität des Rechts, und wie ist es strukturiert?
- Gibt es eine Hierarchie der Kriterien für die Effektivität des Rechts, und welche Bedung hat sie vor allem für die Konstituierung einer Methodik der Effektivitätsanalyse?
- Wie sind die Kriterien der Effektivität des Rechts untersetzbar bzw. aufschlüsselbar, damit sozusagen eine „Umformung" von allgemeinen Effektivitätsfaktoren in besondere bzw. einzelne Effektivitätsindikatoren erfolgen kann?

Interessant ist vor allem auch, ob unterschiedliche Kriterien (Bewertungsmaßstäbe) im Rahmen verschiedener rechtszweigwissenschaftlicher Untersuchungsgegenstände auch eine unterschiedene Bedeutung respektive eine unterschiedliche Priorität besitzen. Nach ersten Überlegungen und eigenen Erfahrungen im Zusammenhang mit der Erarbeitung einer Studie zur Wirksamkeit des sozialistischen Arbeitsrechts kann für mich als empirisch relativ gesicherte Erkenntnis gelten, daß von einer unterschiedlichen Bedeutung der Priorität von Effektivitätskriterien innerhalb eines Rechtszweiges – bezogen auf verschiedene Rechtsnormengruppen oder Rechtsinstitute – auszugehen ist.[21] Ansatzpunkte hierfür liefern beispielsweise Ergebnisse der Arbeitsrechts- sowie auch der Wirtschaftswissenschaft. So erscheint es als ebenso sinnvoll wie notwendig, gerade rechtszweigwissenschaftliche Erkenntnisse rechtstheoretisch aufzunehmen bzw. zu verallgemeinern, um dem Verhältnis von Effektivität, Wirtschaftlichkeit und Nützlichkeit des Rechts (auch hier wieder: nicht bloß der Rechtsnormen) weiter nachzuspüren.

## Anmerkungen

1 K. A. Mollnau, Stand und Aufgaben der Ausarbeitung der Theorie der Effektivität des sozialistischen Rechts und der Methodik ihrer Analysen – Thesen – S. 9 bis 12 dieser Abhandlung.

2 Vgl. ebenda, Thesen 1, 5 und 6.

3 Vgl. B. Richter/M. Niemann/E. Pech, Analyse der gerichtlichen Rechtsauskunftstatigkeit, Berlin 1986 (unveröffentlicht).

4 Vgl. Autorenkollektiv unter Leitung von U.-J. Heuer, Wirksamkeit des Wirtschaftsrechts, Berlin 1979.

5 Vgl. W. Thiel/P. Sander, Aufgaben und Wirksamkeit des sozialistischen Arbeitsrechts bei der rationellen Nutzung des Arbeitsvermogens und der Erhöhung der sozialistischen Arbeitsdisziplin, Humboldt-Universität, Sektion Rechtswissenschaft, Berlin 1984, Studie (unveröffentlicht).

6 Vgl. Autorenkollektiv unter Leitung von K. A. Mollnau, Objektive Gesetze, Recht, Handeln, Berlin 1979, S. 70 ff.; L. Lotze, Zu den Kriterien für die Bestimmung der Effektivität des sozialistischen Rechts, in: Die gesellschaftliche Wirksamkeit des sozialistischen Rechts – Probleme ihrer Begriffsbestimmung und Messung, Berlin 1977, S. 195 ff.

7 Vgl. W. Grahn, Rechtsnorm als Maßstab; und K. A. Mollnau, Klasseninteresse und Rechtsbildung, Thesen über das Maß des Rechts, in: Recht als Maßstab, Beiträge zum X. Weltkongreß der Internationalen Vereinigung für Rechts- und Sozialphilosophie, Berlin 1981, S. 7 ff. und S. 27 ff.

8 Vgl. K. A. Mollnau, Instrumentalität, Effektivität und Wert des sozialistischen Rechts, Nachwort zu: V. W. Glasyrin u. a., Effektivität der Rechtsnormen, Berlin 1982, S. 253.

9 Vgl. E. Hahn, Aktuelle philosophische Probleme der marxistisch-leninistischen Weltanschauung, in: Wertauffassungen im Sozialismus, Berlin 1978, S. 31 ff.

10 Vgl. A. A. Iwin, Grundlagen der Logik von Wertungen, Berlin 1975.

11 Vgl. H. Wessel, Vorwort des Herausgebers zu dem in Anmerkung 10 genannten Buch, S. 9 ff.

12 Vgl. J. Erpenbeck, Das Ganze denken, Berlin 1986, S. 159 ff., insbesondere S. 165 ff.

13 Vgl. ebenda, S. 168.
14 Vgl. A. A. Iwin, a. a. O., S. 42 ff.; J. Erpenbeck, a. a. O., S. 170.
15 Ebenda, S. 12.
16 Ebenda, S. 170.
17 Vgl. G. Fiedler/R. König, Rationalität - Optimalität - Zeitökonomie, Berlin 1981, S. 53 ff.
18 Vgl. K. A. Mollnau, These 9, a. a. O.
19 Vgl. K. A. Mollnau, These 13, a. a. O.
20 Vgl. Die nicht zu akzeptierende Auffassung von V. W. Glasyrin u. a., a. a. O., S. 30 ff.
21 Vgl. W. Thiel/P. Sander, Aufgaben und Wirksamkeit des sozialistischen Arbeitsrechts . a. a. O., S. 20 ff.

# Autorenverzeichnis

*Prof. Dr. sc. Gotthold Bley*
Akademie für Staats- und Rechtswissenschaft der DDR, Potsdam-Babelsberg

*Prof. Dr. sc. Richard Hähnert*
Karl-Marx-Universität, Leipzig

*Oberst Dr. jur. Lothar Krumbiegel*
Ministerium für Nationale Verteidigung

*Prof. Dr. habil. Frithjof Kunz*
Akademie für Staats- und Rechtswissenschaft der DDR, Potsdam-Babelsberg

*Dr. jur. Günter Leifert*
Akademie für Staats- und Rechtswissenschaft der DDR, Potsdam-Babelsberg

*Prof. Dr. habil. John Lekschas*
Humboldt-Universität zu Berlin

*Prof. Dr. Karl A. Mollnau*
Institut für Theorie des Staates und des Rechts der Akademie der Wissenschaften der DDR, Berlin

*Prof. Dr. sc. Ellenor Oehler*
Akademie für Staats- und Rechtswissenschaft der DDR, Potsdam-Babelsberg

*Dr. sc. Peter Sander*
Institut für Theorie des Staates und des Rechts der Akademie der Wissenschaften der DDR, Berlin

*Dr. jur. Siegfried Wittenbeck*
Ministerium für Justiz

ABHANDLUNGEN
DER AKADEMIE DER WISSENSCHAFTEN DER DDR

*Abteilung Veröffentlichungen der Wissenschaftlichen Räte*

Aus den Tagungen des Rates für staats- und rechtswissenschaftliche Forschung der Akademie der Wissenschaften der DDR erschienenen Veröffentlichungen

*Jahrgang 1983*
*Nr. 1* Zur Rechtsentwicklung im Prozeß sozialistischer ökonomischer Integration
1983, 64 Seiten – Gr. 8° – 6,– M
Bestell-Nr. 754 254 4 (2001/83/1/W)

*Nr. 2* Rechtswissenschaft und Gesetzgebung
1983, 70 Seiten – Gr. 8° – 7,50 M
Bestell-Nr. 754 255 2 (2001/83/2/W)

*Nr. 3* Ökonomische Strategie der 80er Jahre und Effektivität des Wirtschaftsrechts
1983, 47 Seiten – Gr. 8° – 7,50 M
Bestell-Nr. 754 306 1 (2001/83/3/W)

*Jahrgang 1985*
*Nr. 2* Erfahrungen bei der Anwendung des Zivilgesetzbuches in der Praxis
1985, 48 Seiten – Gr. 8° – 4,50 M
Bestell-Nr. 754 548 9 (2001/85/2/W)

*Jahrgang 1987*
*Nr. 1* Der 40. Jahrestag der Befreiung – Vier Jahrzehnte Entwicklung einer marxistisch-leninistischen Staats- und Rechtswissenschaft der DDR
1987, 67 Seiten – Gr. 8° – 7,50 M
Bestell-Nr. 754 773 1 (2001/87/1/W)

*Nr. 2* Zur Tätigkeit der örtlichen Volksvertretungen in der DDR
1987, 52 Seiten – Gr. 8° – 6,– M
Bestell-Nr. 754 774 0 (2001/87/2/W)

*Nr. 3* Zur rechtlichen Verantwortlichkeit
1987, 41 Seiten – Gr. 8° – 13,50 M
Bestell-Nr. 754 779 1 (2001/87/3/W)

*Nr. 5* Staat und Recht bei der weiteren Gestaltung der entwickelten sozialistischen Gesellschaft nach dem XI. Parteitag der SED
1987, 56 Seiten – Gr. 8° – 6,– M
Bestell-Nr. 754 804 9 (2001/87/5/W)

ISBN 3-05-000652-8
ISSN 0138-421x